21世纪高等职业教育创新型精品规划教材(汽车类)

汽车机械制图习题集

Automotive Mechanical Drawing Problem Sets

主　编　周志国
副主编　孙　伟　吴　涛
主　审　陈文华

天津大学出版社
TIANJIN UNIVERSITY PRESS

内 容 简 介

本习题集是汲取近年来制图课程改革的经验，并结合编者长期的教学心得和体会编写而成，与周志国主编的《汽车机械制图》配套使用。使学生在掌握机械制图基本知识的基础上，重点培养实际零件的读图和绘图能力，以适应实际工作的需要。本习题集主要内容有：制图基本知识，点、直线和平面的投影，基本体的投影，截交线与相贯线，组合体视图，轴测投影图，机件的常用表达方法，标准件和常用件，识读零件图，技术要求，识读装配图，计算机绘图基础等。重点章节的习题量相对较大，以利于教师参考和学生深入学习。

本习题集可供高职高专及成人院校汽车类和其他机械类专业学生及相关工程技术人员使用。

图书在版编目(CIP)数据

汽车机械制图习题集/周志国主编.—天津：天津大学出版社，2010.1(2015.8 重印)
21 世纪高等职业教育创新型精品规划教材. 汽车类
ISBN 978-7-5618-3351-3

Ⅰ.①汽… Ⅱ.①周… Ⅲ.①汽车-机械制图-高等学校：技术学校-习题 Ⅳ.①U463-44

中国版本图书馆 CIP 数据核字(2010)第 012704 号

出版发行 天津大学出版社
出 版 人 杨欢
地　　址 天津市卫津路 92 号天津大学内(邮编：300072)
电　　话 发行部：022-27403647　邮购部：022-27402742
网　　址 www.tjup.com
印　　刷 廊坊市海涛印刷有限公司
经　　销 全国各地新华书店
开　　本 260mm×185mm
印　　张 13.25
字　　数 170 千
版　　次 2010 年 1 月第 1 版
印　　次 2015 年 8 月第 3 次
定　　价 28.00 元

前　言

本习题集根据生产实际，针对现在高职高专汽车类专业学生对制图知识的需要，依据教育部制定的《高职高专工程图学课程教学基本要求》进行编写，与周志国主编的《汽车机械制图》配套使用。本习题集具有以下特点：

(1)方便教学，习题集编排顺序与教材内容编排完全一致，并尽量做到各章节的习题相对集中；

(2)容量适中，习题集涵盖了教材中的基本内容，并有一定的余量，便于教师取舍和学生选择；

(3)习题难易程度适中，为满足不同学时的专业和不同程度的学生使用，习题由浅入深、由易到难，便于教师选择和学生自学；

(4)题型多样，改变单一的绘图作业模式，增加了一定量的选择题、填空题；

(5)采用了国家最新的制图标准，便于在生产实践中使用。

本习题集由周志国主编并统稿，浙江交通职业技术学院汽车学院院长陈文华教授担任主审。参加编写的人员有：浙江交通职业技术学院汽车系孙伟（点、直线和平面的投影；机件的常用表达方法）、郭宏伟（标准件和常用件）、王芳（技术要求）、刘大学（识读装配图）、吴涛（计算机绘图基础）、周志国（基本体的投影；截交线与相贯线；识读零件图）；扬州职业大学张霞（组合体视图；轴测投影图）；淄博职业学院曾祥军（制图基本知识）。

由于编者水平有限，本习题集难免存在一些缺点或错误，恳请读者给予批评指正。

编　者

2010 年 01 月

目　录

任务一　制图基本知识 …… 1
任务二　点、直线和平面的投影 …… 9
任务三　基本体的投影 …… 18
任务四　截交线与相贯线 …… 26
任务五　组合体视图 …… 36
任务六　轴测投影图 …… 49
任务七　机件的常用表达方法 …… 54
任务八　标准件和常用件 …… 64
任务九　识读零件图 …… 72
任务十　识读装配图 …… 89
任务十一　计算机绘图基础 …… 102

任务一　制图基础知识

1.1　工程制图的基本规定

1. 字体练习

字体工整笔画清楚间隔均匀排列整齐横平竖直注意起落汽车机械制图

螺钉柱栓母垫片齿轮轴承弹簧座箱盖零件图装配体描图比例国标幅面

高职院校系专业班级制图绘审核序号名称材料件数

备注技术要求工程变速箱离合器发动机活塞连杆

A B C D E F G H I J K L M N O P Q R S T U V W X Y Z

a b c d e f g h i j k l m n o p q r s t u v w x y z 1 2 3 4 5 6 7 8 9 0

α β γ δ ε ζ η θ μ σ ρ φ ω I II III IV V VI

2. 在指定位置画出下列图线和平面图形

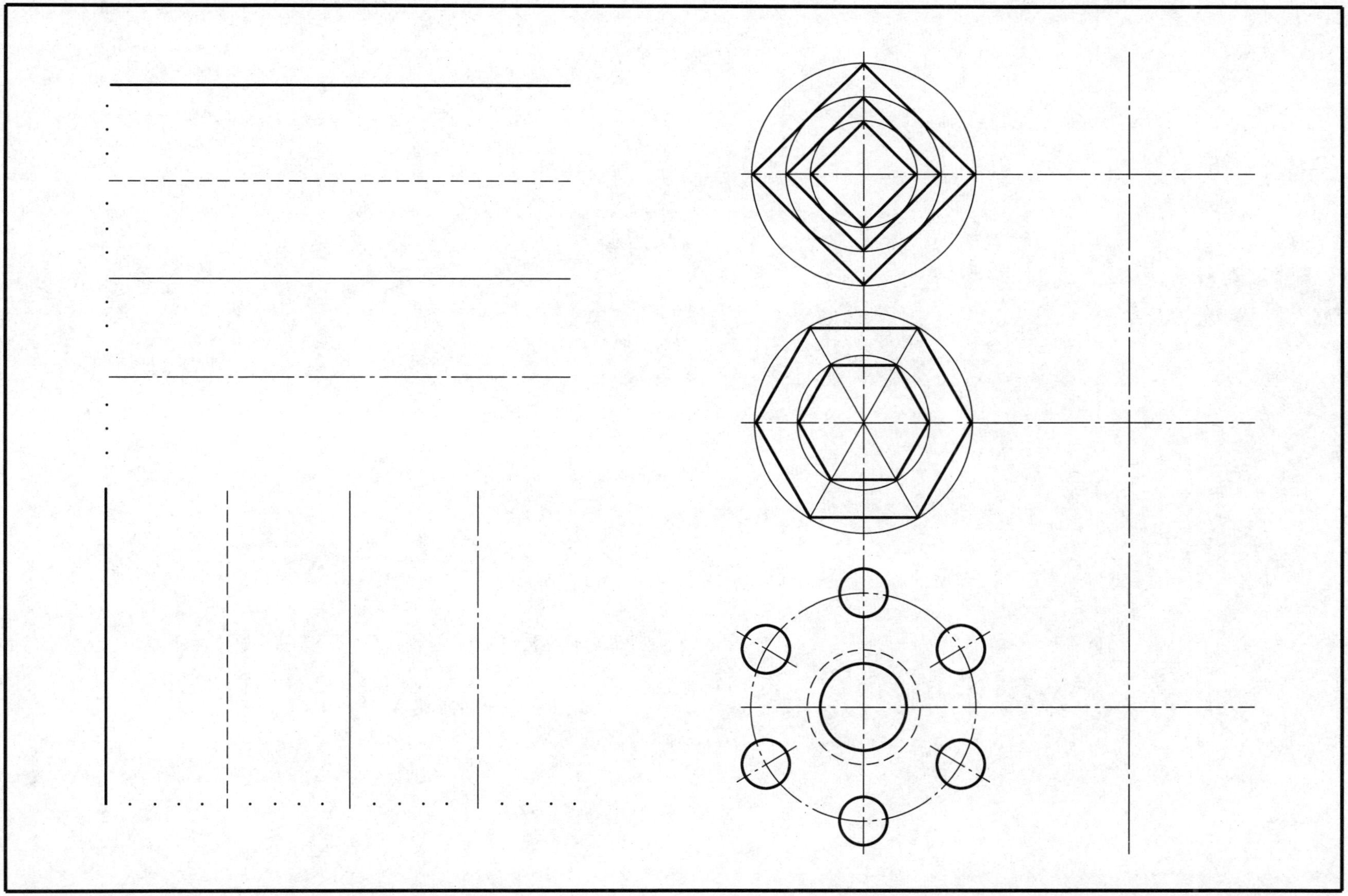

3. 尺寸标注

(1)补画箭头,并标注尺寸(数值从图中量取整数)。

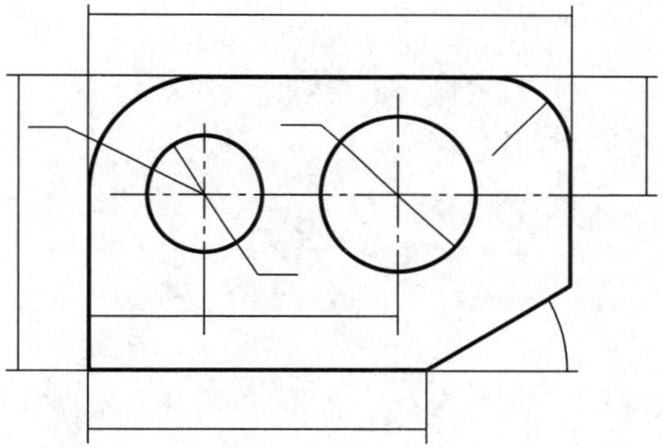

(3)参照下图所示尺寸,用 1 : 2 比例在下面画出图形,并标注尺寸。

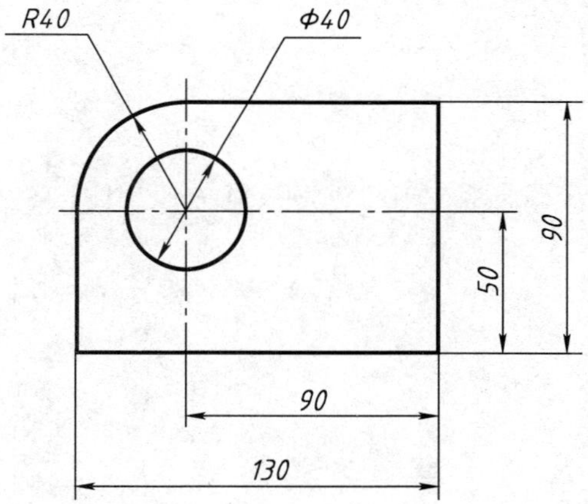

(2)分析图中尺寸标注的错误,改正后注写在右图中。

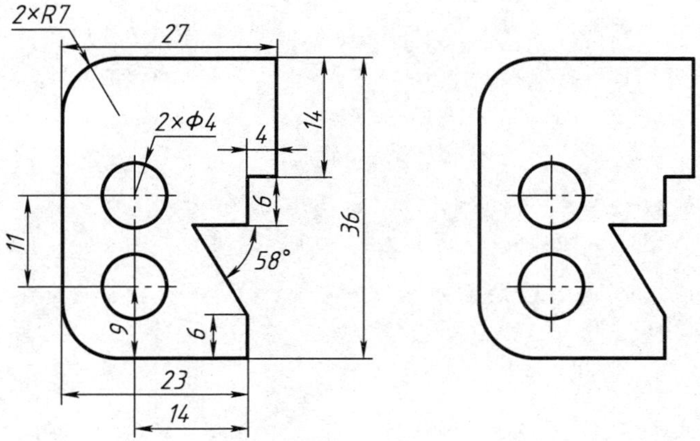

1.2 绘图工具及几何作图

(1)将线段 *AB* 七等分。

(2)以 *AB* 为底边作正三角形。

(3)作圆的内接正六边形。

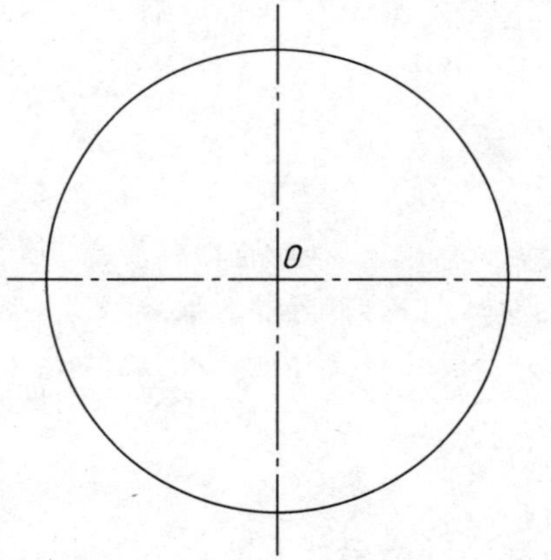

(4)作圆的内接正五边形。

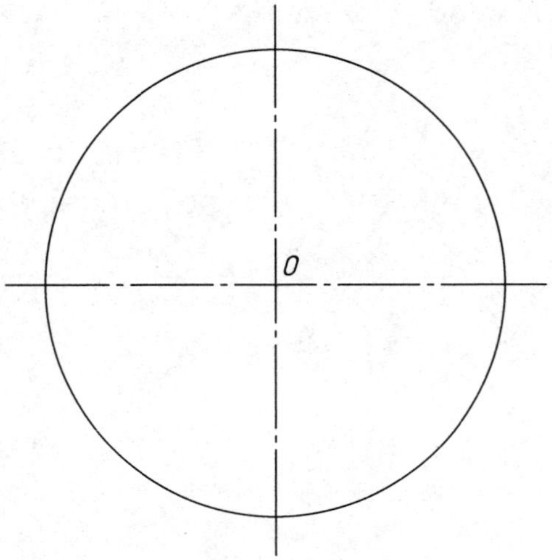

(5)参照右上角示意图，作 1 ∶ 9 的斜度图形。

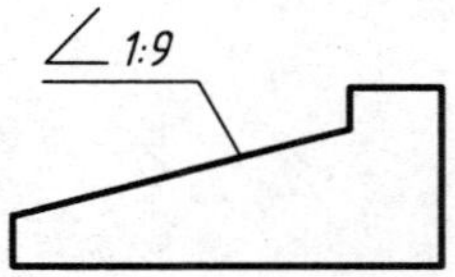

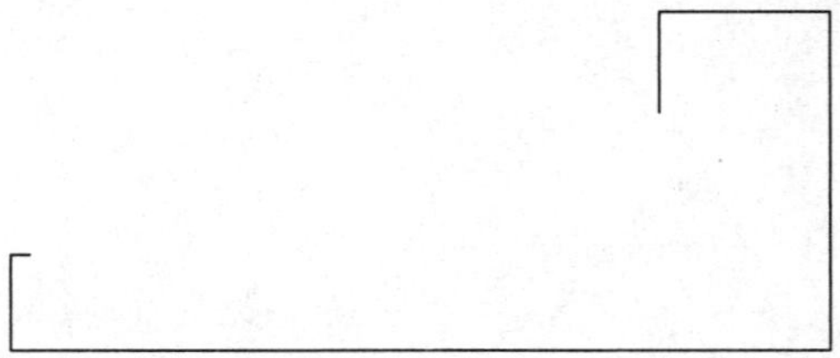

(6)参照右上角示意图，作 1 ∶ 3 的锥度图形。

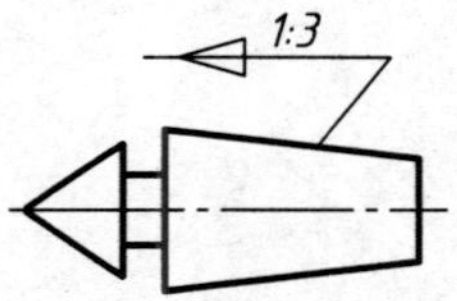

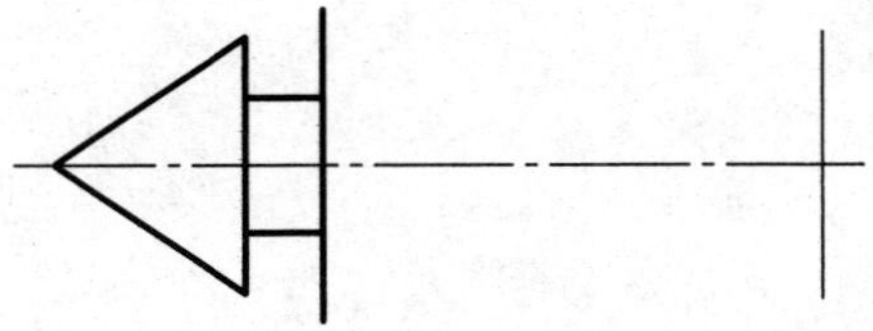

(7)用近似画法作椭圆(长轴 70,短轴 45)。

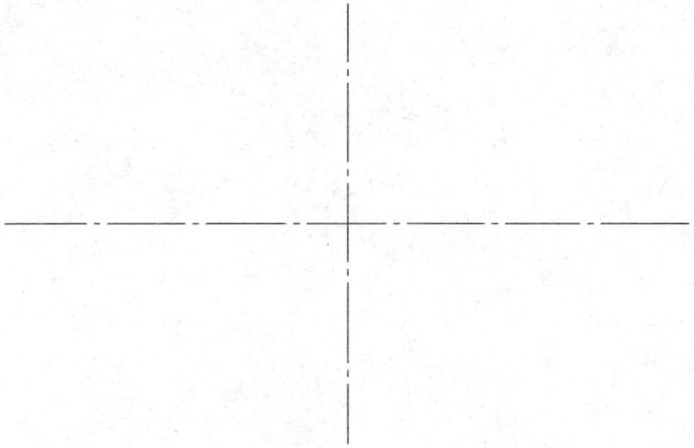

(8)参照图例用给定的尺寸作圆弧连接。

a.

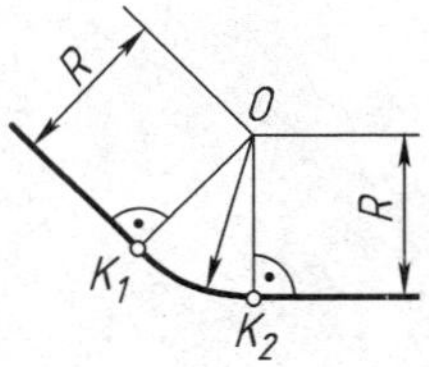

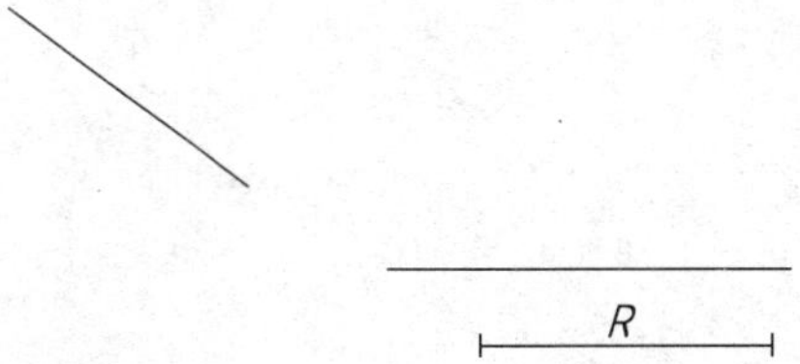

b.

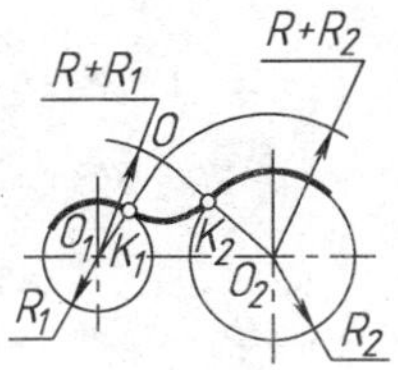

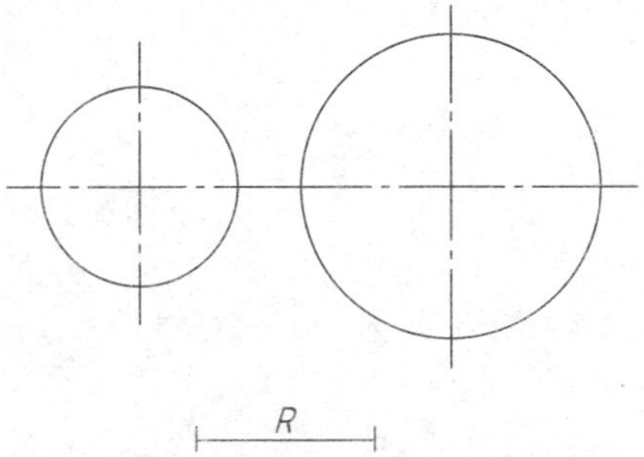

c.

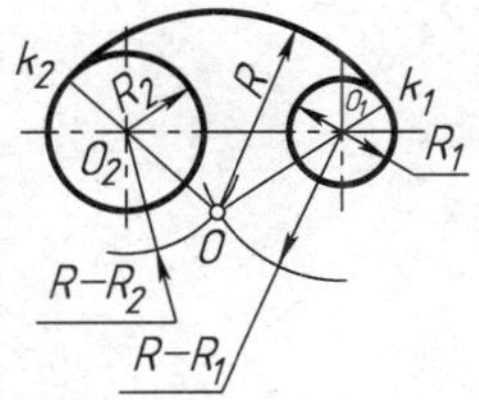

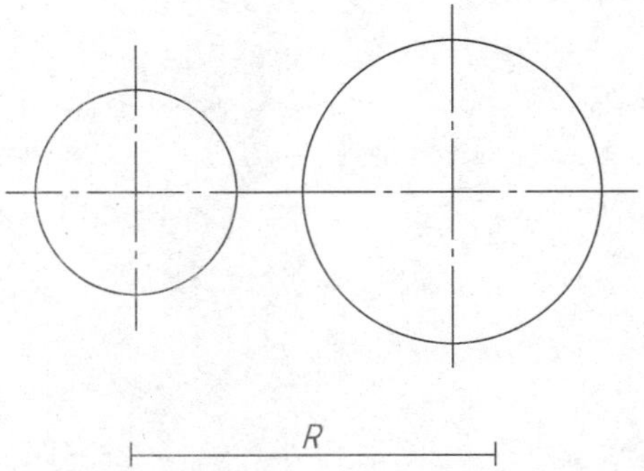

1.3 平面图形尺寸分析及画图步骤

1. 对下列平面图形进行尺寸分析,并按 1：1 的比例标注尺寸

(1)

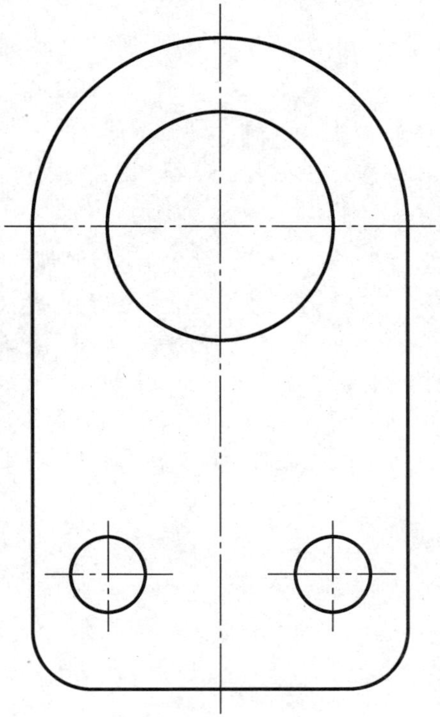

(2)

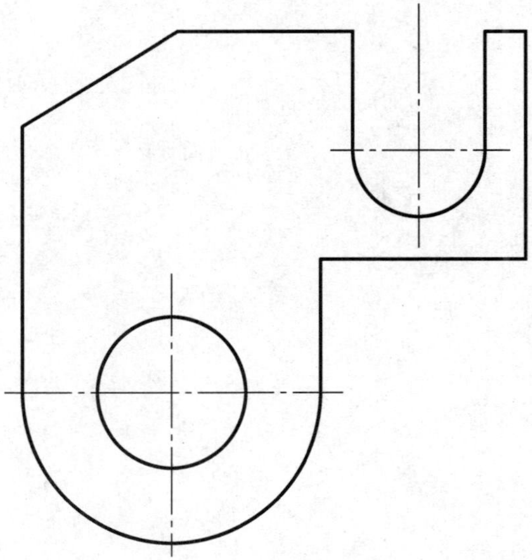

2. 在 A3 图纸上按 1∶1 的比例绘制下面两个图形

(1)挂钩。

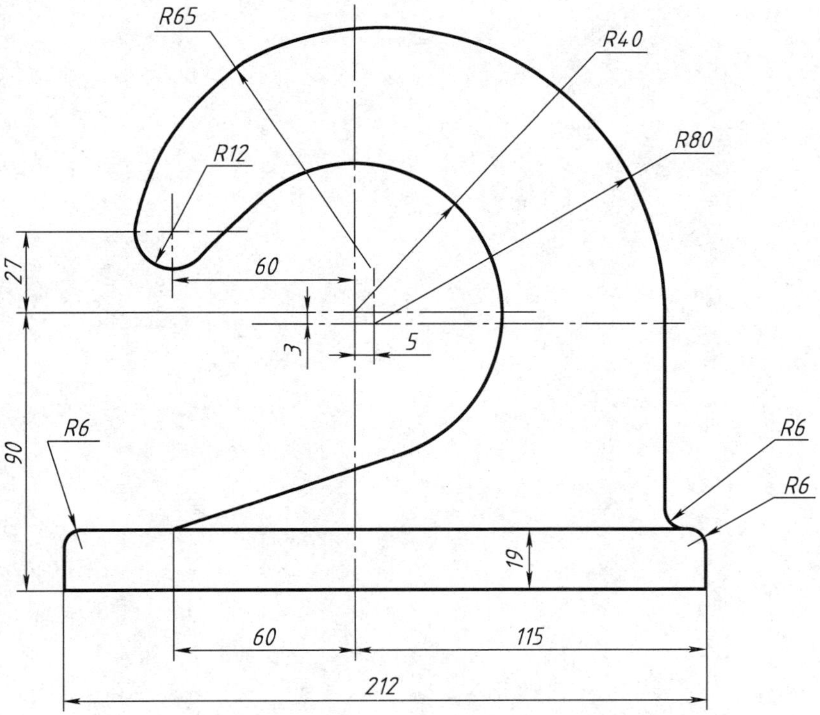

(2)挂轮架。

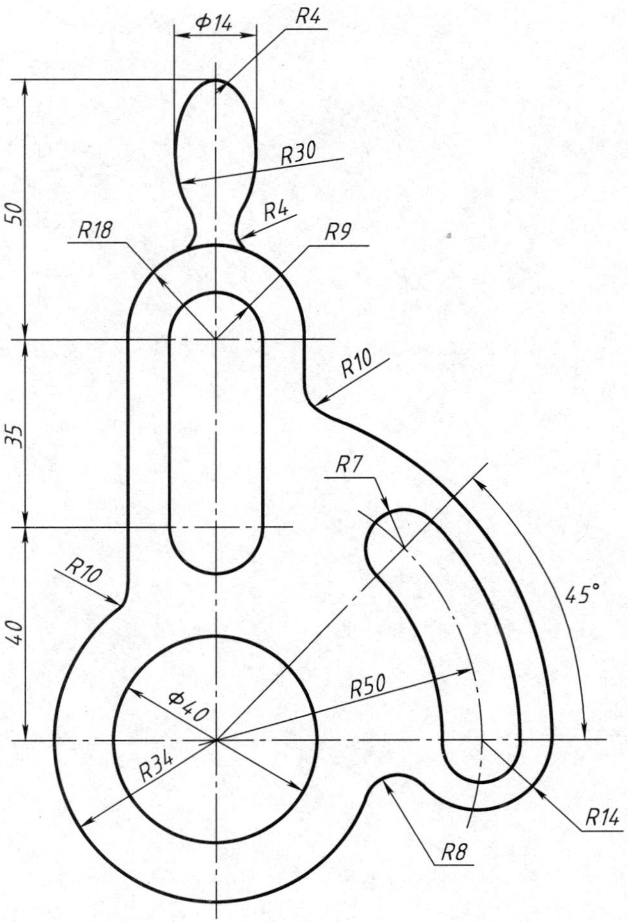

任务二　点、直线和平面的投影

2.1　投影的基本知识

1. 在三视图右下方括号中填写右侧对应的几何体数字编号

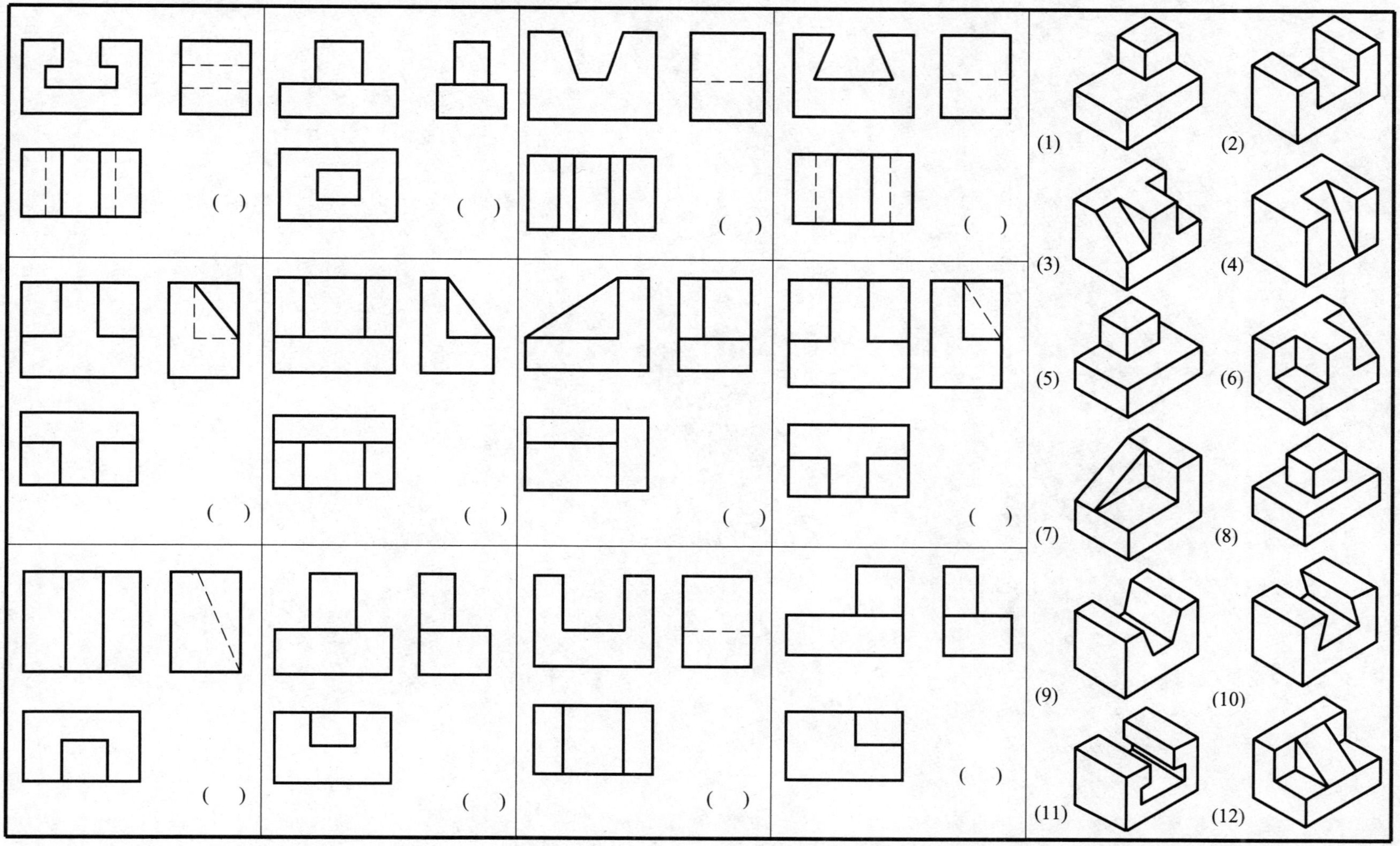

2. 根据立体图补画三视图中所缺的图线

(1)

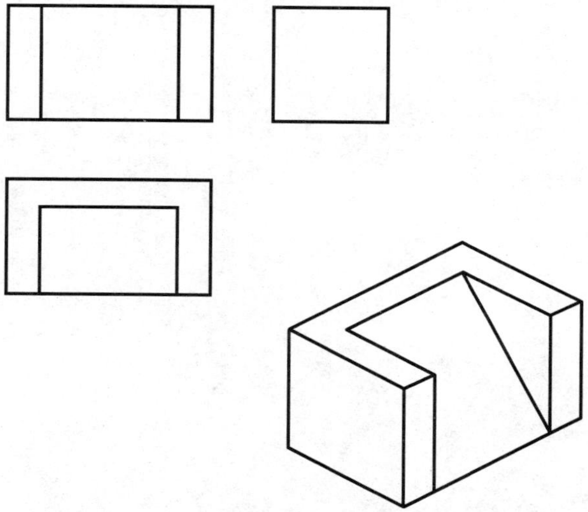

(2)

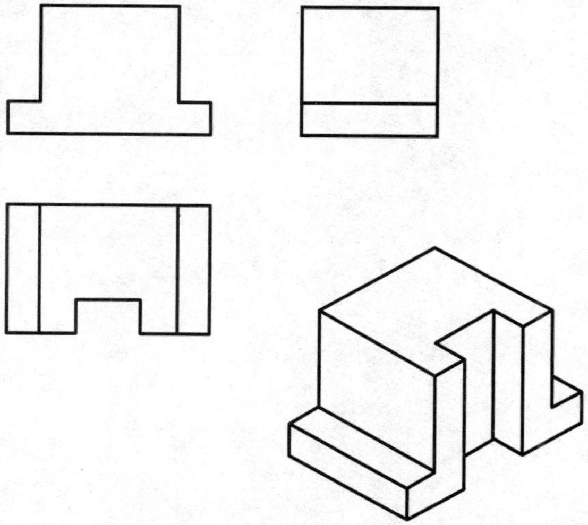

(3)

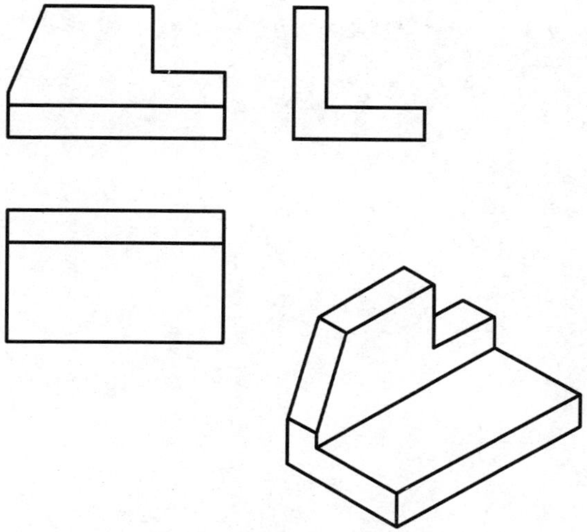

(4)

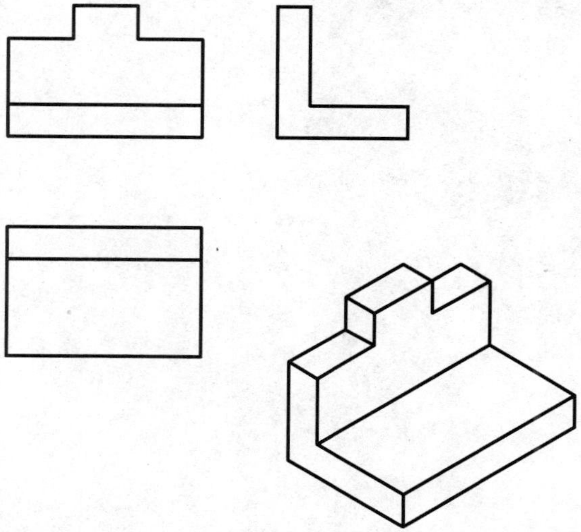

3. 根据轴测图绘制三视图

(1)

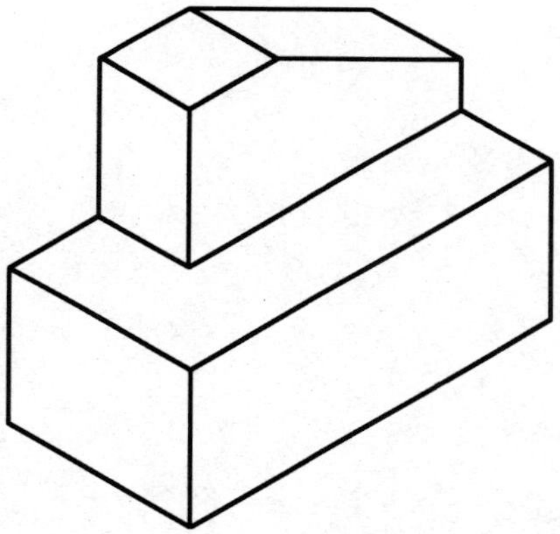

(2)

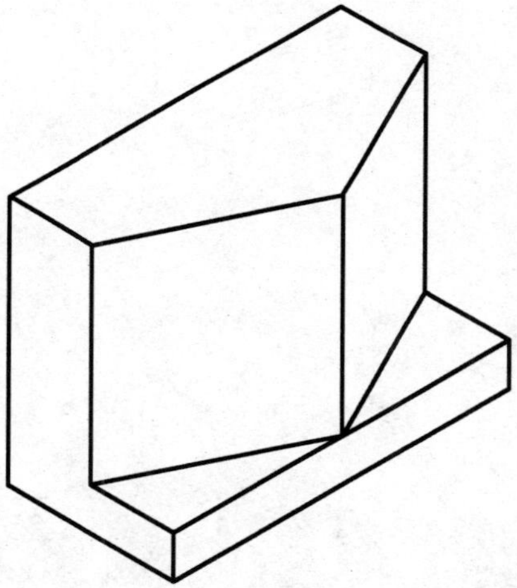

(3)

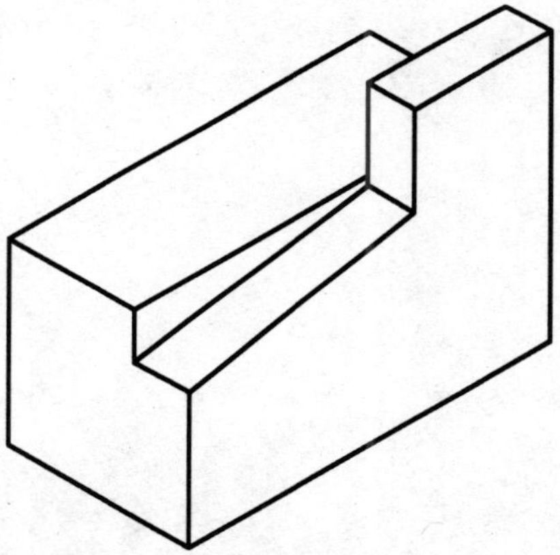

(4)

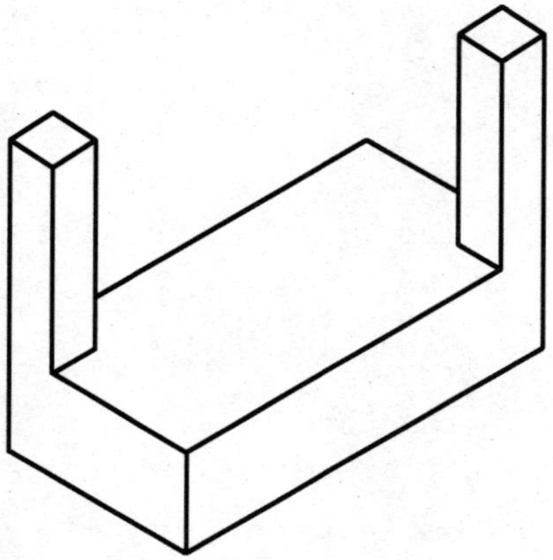

(5)

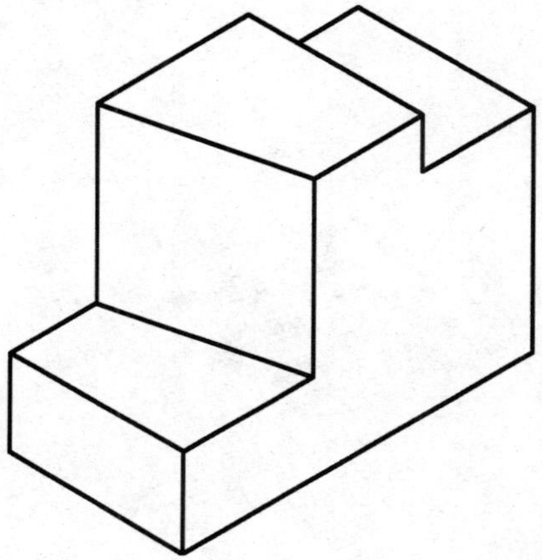

(6)

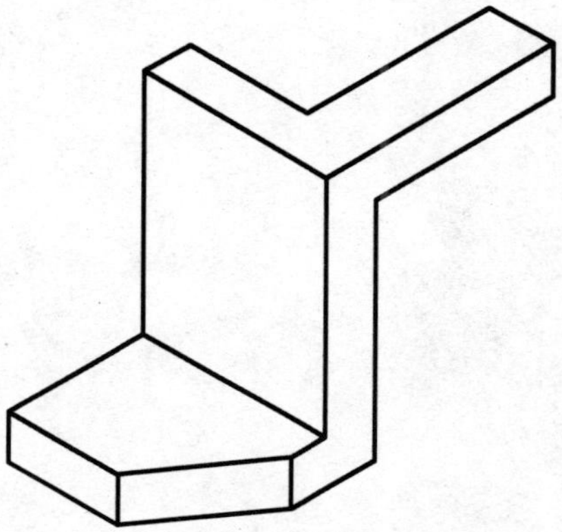

2.2 点的投影

(1)按照立体图作 A、B、C 三点的三面投影，并写出其坐标。

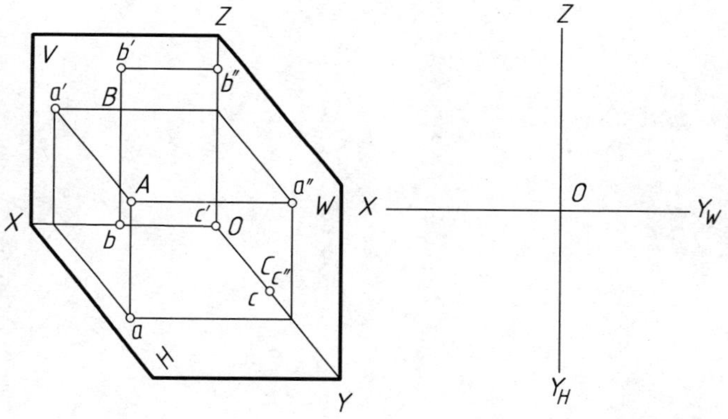

A(　,　,　);B(　,　,　);C(　,　,　)。

(2)已知各点的两面投影，试画出其第三面投影。

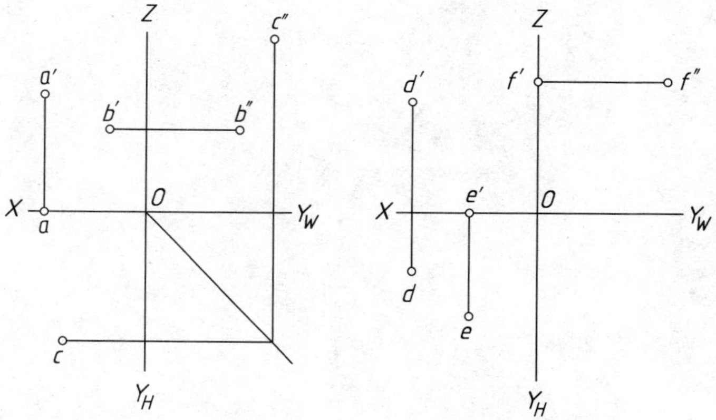

(3)已知 A(16,0,12)，B(0,12,0)，作出两点的三面投影。

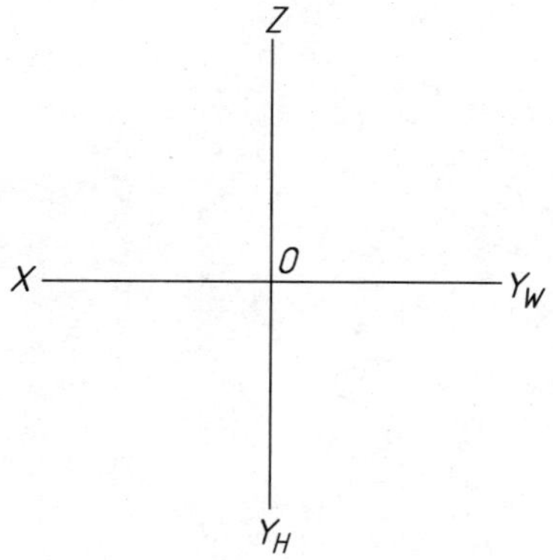

(4)已知点 A 的三面投影，点 B 在点 A 的左方 16、上方 8、前方 12，作出点 B 的三面投影。

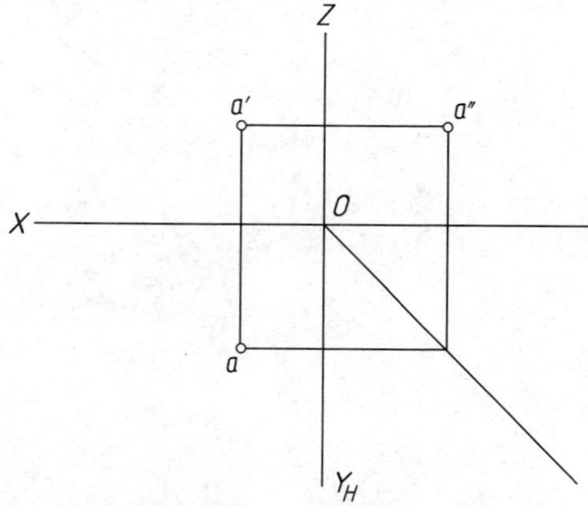

(5)指出点 B、C 相对于点 A 的位置(左右、前后、上下方向)。

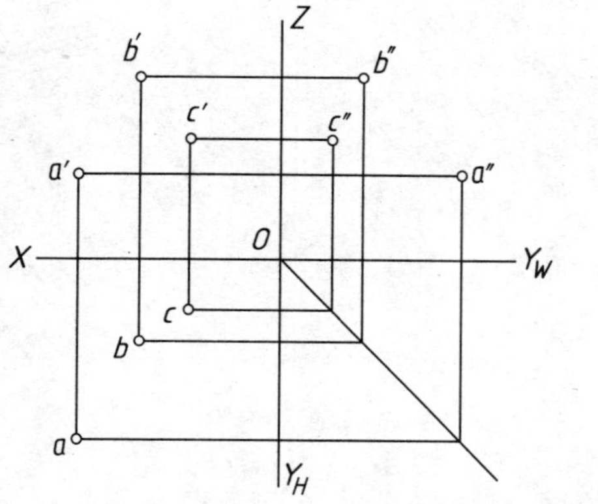

点 B 在点 A 的(　　,　　,　　);

点 C 在点 A 的(　　,　　,　　)。

(6)已知点 A 的三面投影,试画出 OZ 轴和 OY 轴,再求点 B(12,20,15)的三面投影。

(7)在三视图中标出 A、B、C、D 四点的三面投影。

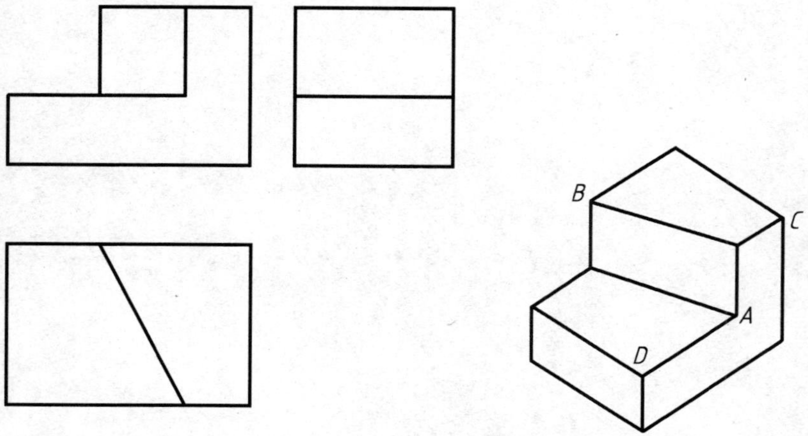

(8)在三视图中标出 A、B、C、D、E、F、G、H 各点的三面投影。

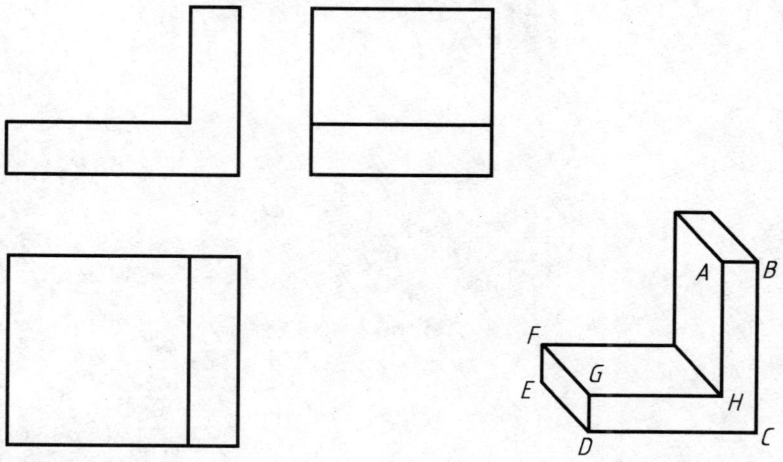

2.3 直线的投影

(1)已知线段 AB 的两端点 $A(20,10,5)$ 及 $B(5,5,20)$，作线段 AB 的三面投影。

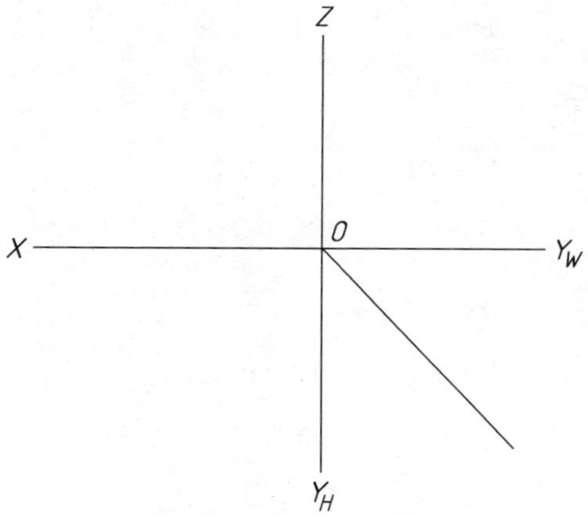

(2)作符合下列条件的直线 EF 的投影。

$EF \perp V$ 面，点 F 在点 E 前方，$EF=20$。

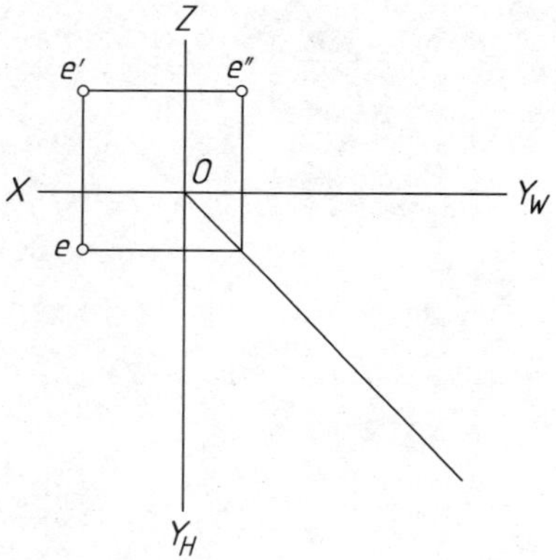

(3)已知点 K 在 CD 上，补画出点 K 的水平投影，并判断点 E 是否在直线 CD 上。

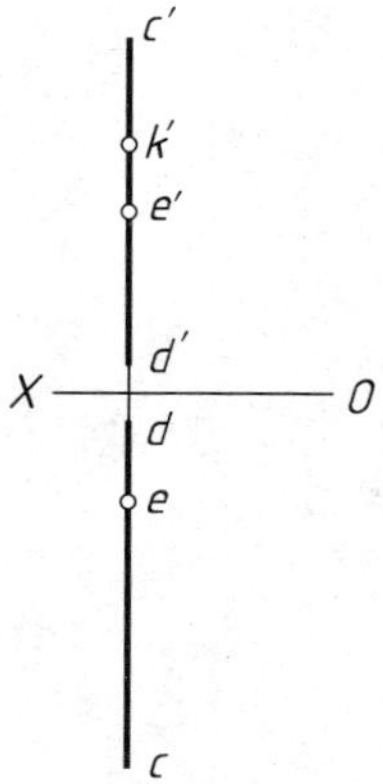

点 E ________直线 CD 上。

(4)作线段 AB 上一点 C 的两面投影，且已知 $AC:CB=2:1$。

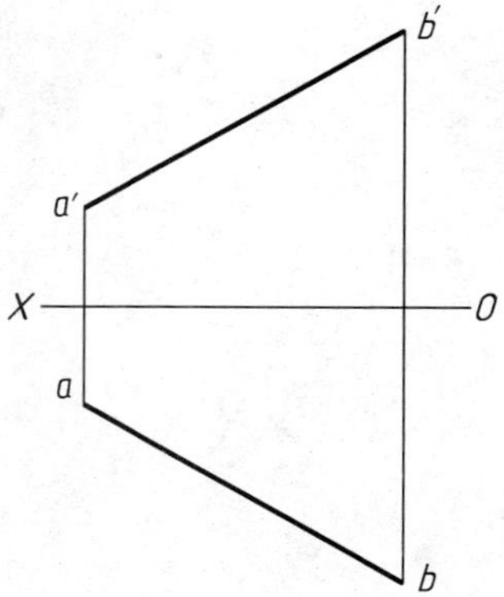

(5)用字母表示出重影点的投影，并判断其可见性。

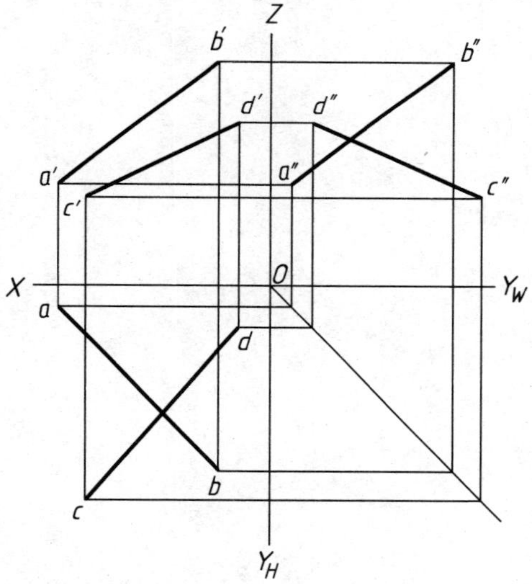

(6)过点 M 作与直线 AB 平行，且与直线 CD 相交于点 N 的直线段 MN。

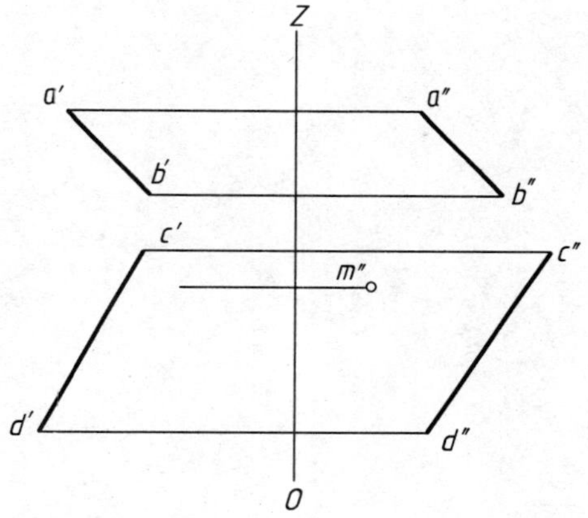

(7)作一直线段 MN 平行于 EF，且与 AB、CD 相交。

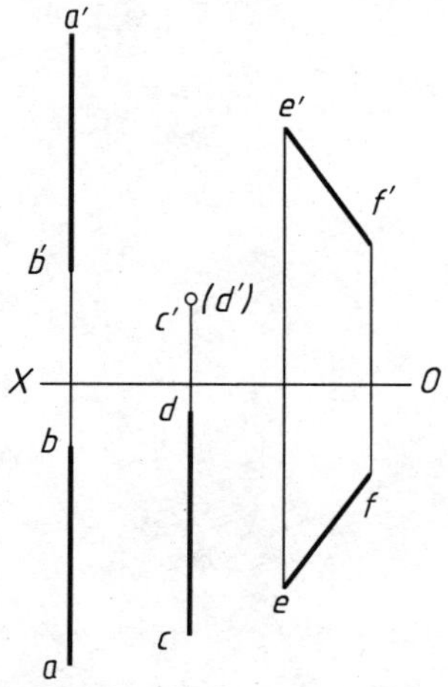

(8)过点 A 作正平线 AB，且已知倾角 $\alpha=30°$、$AB=30$，本题有几个解？

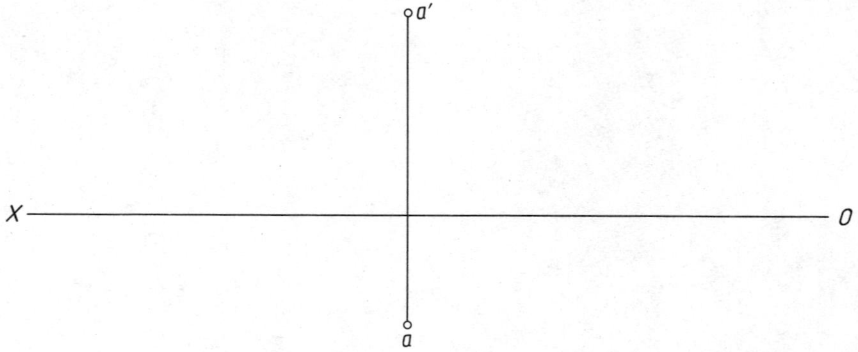

2.4 平面的投影

(1)作缺口矩形的正面投影。

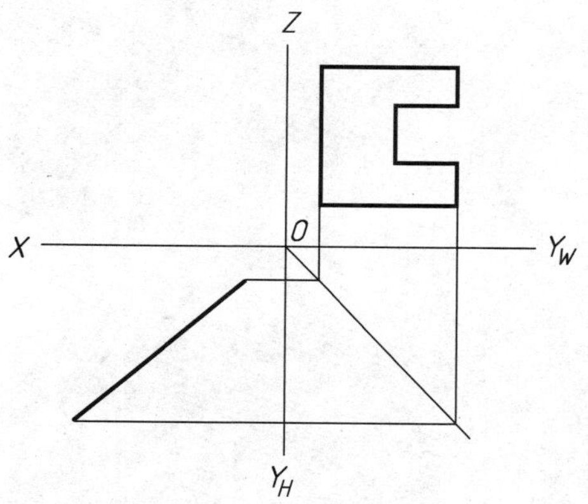

(2)作出平面 *CDE* 上的线段 *AB* 的水平投影。

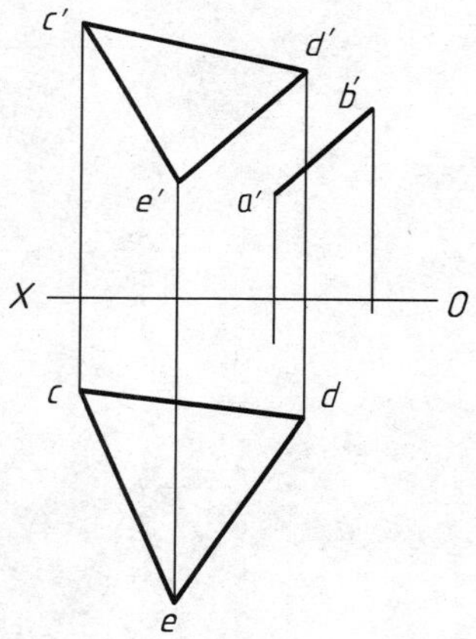

(3)已知 *AD* 为正平线,完成平面图形 *ABCD* 的水平投影。

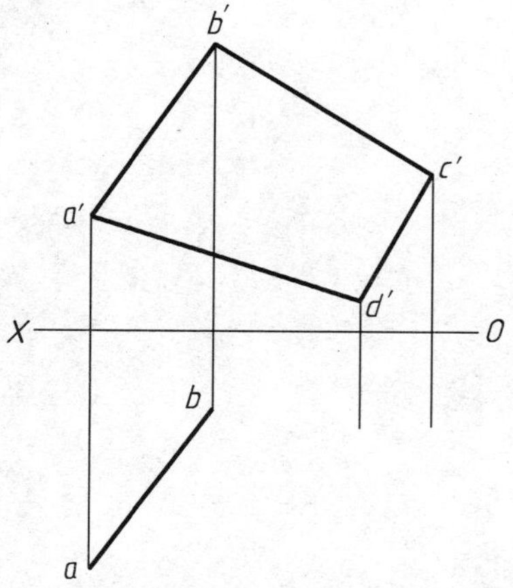

(4)在三角形 *ABC* 上,作正平线 *AD*、侧平线 *BE*。

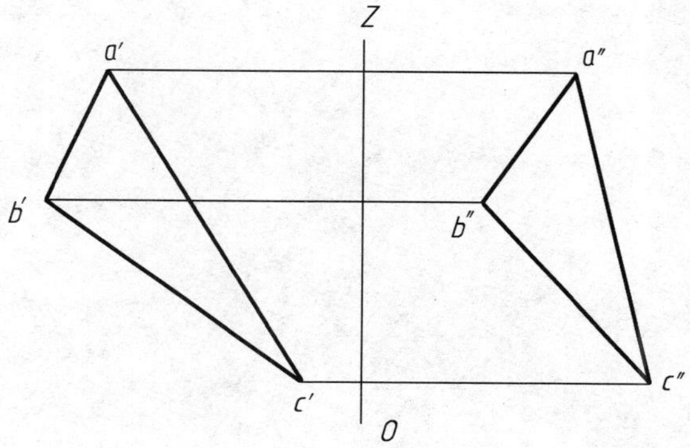

(5)在△ABC 内确定一点 K，使点 K 距离 H 面为 25，距离 V 面为 20。

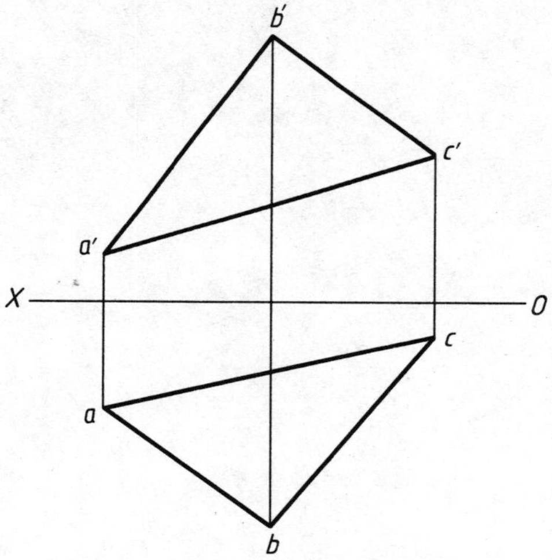

(6)已知线段 AB 与三角形平面 CDE 相交于点 B，且点 B 距离 V 面为 20，试补全 AB 的两面投影。

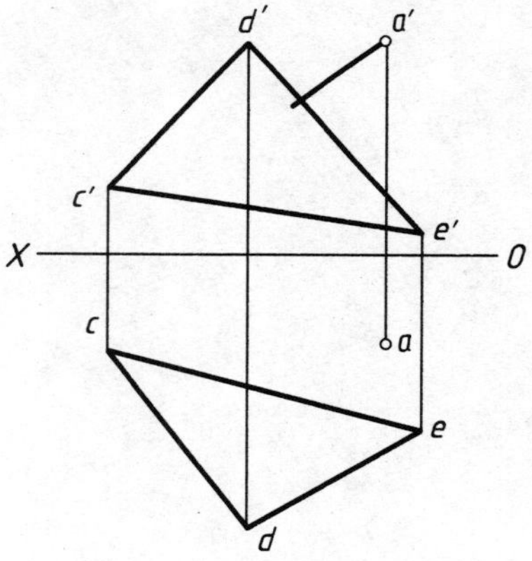

(7)在△ABC 内作一水平线，使其距离 H 面为 20。

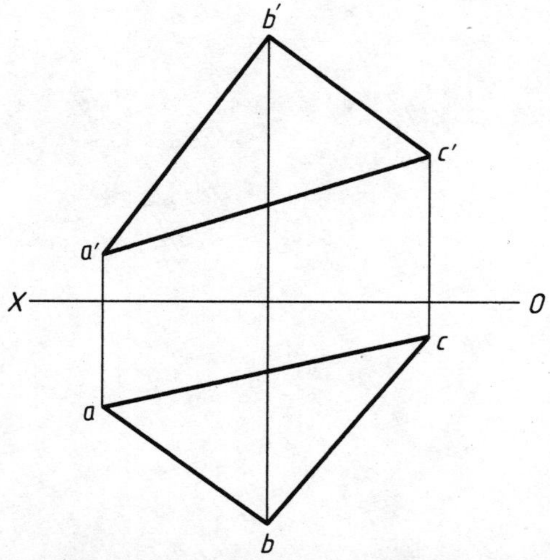

(8)判断点 M 及直线 NE 是否在平面 ABC 上。

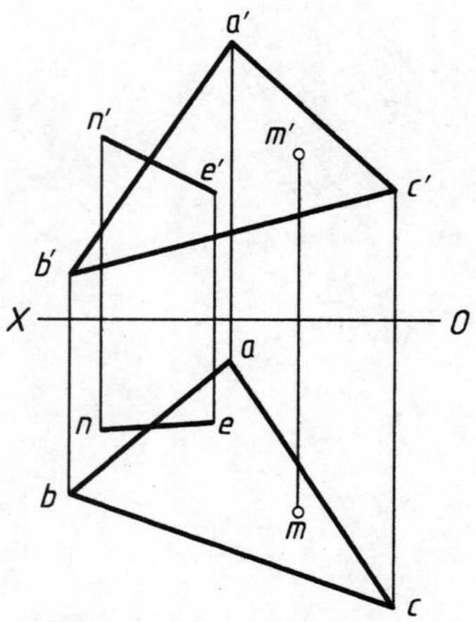

点 M ________平面上；线 NE ________平面上。

任务三　基本体的投影

3.1　平面立体

补全立体的三视图,并完成立体表面点的三面投影

(1)

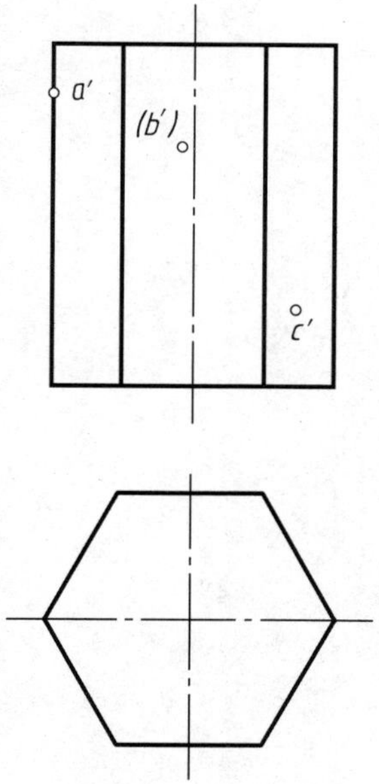

(2)

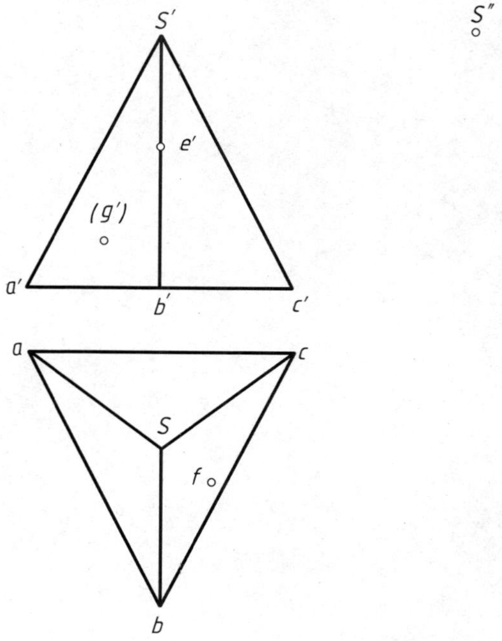

(3)

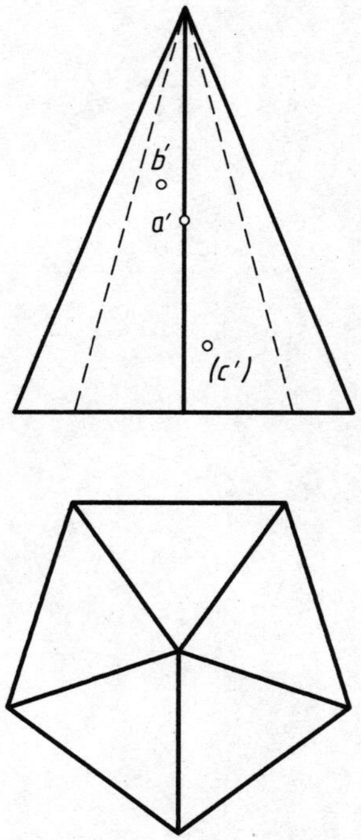

(4)

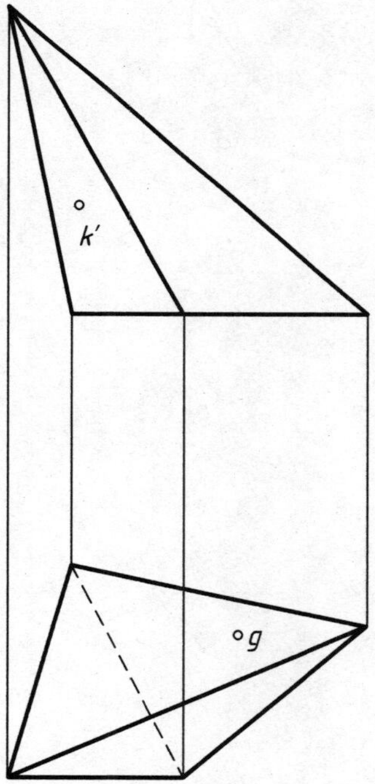

(1)

3.2 回转立体

完成立体表面点的三面投影

(1)

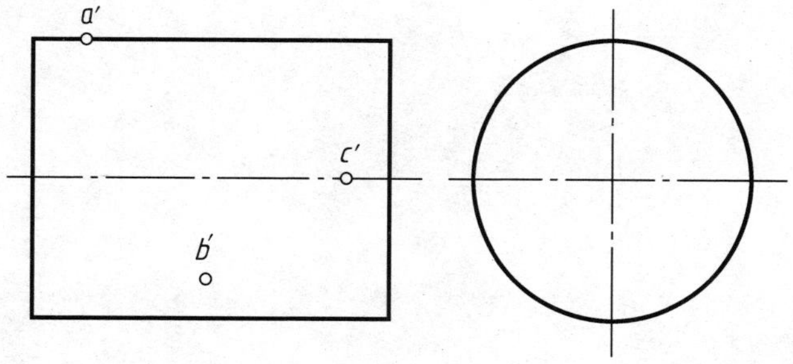

(2)

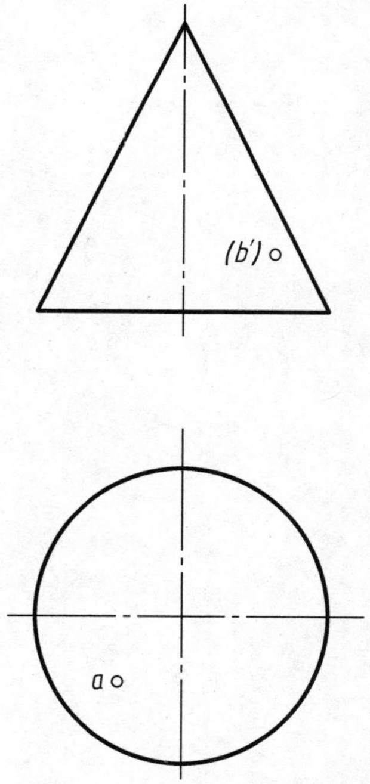

(3)

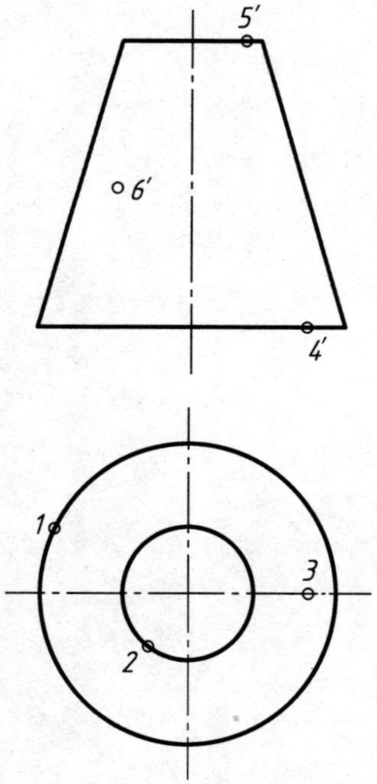

(4)

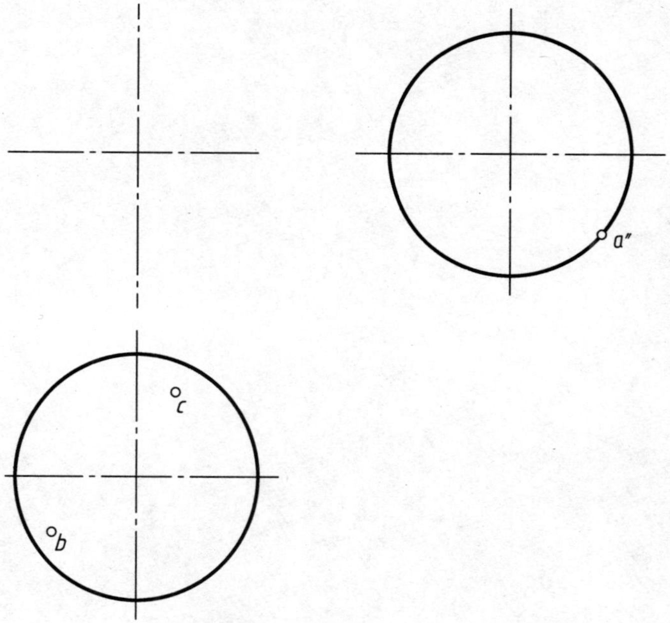

(5)

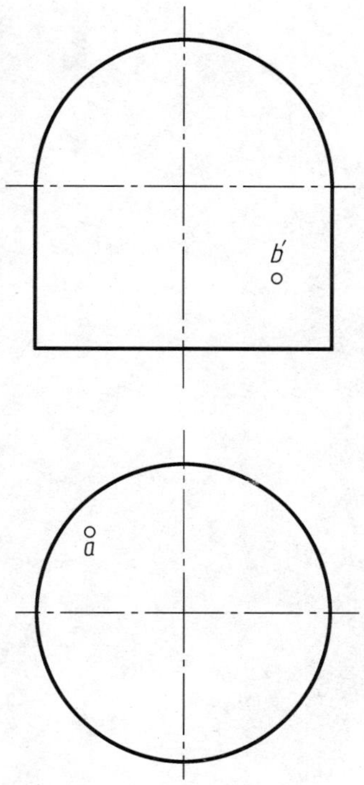

(6)

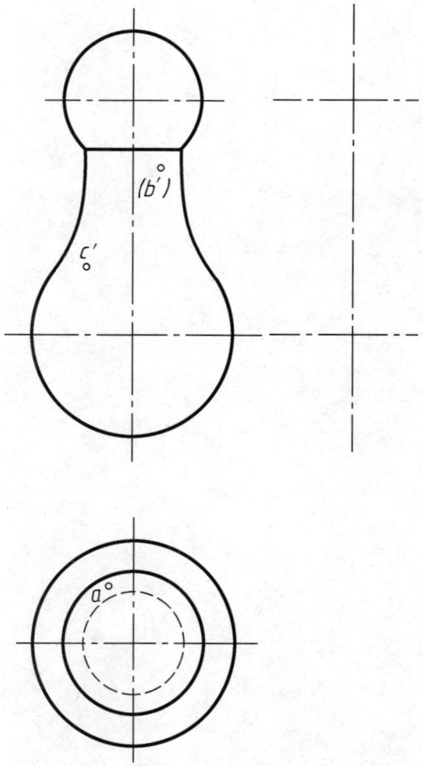

(7)

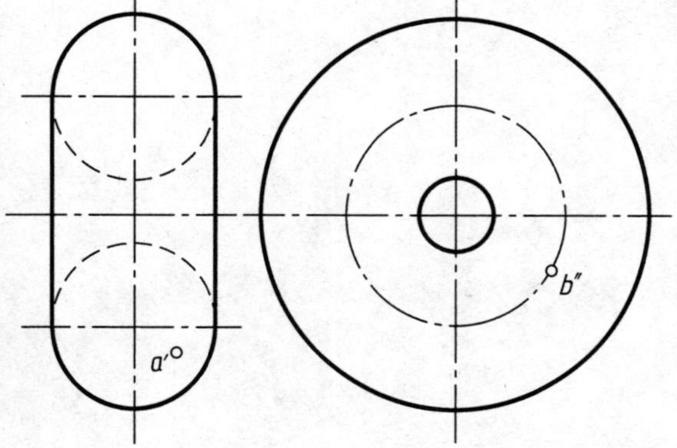

(8)

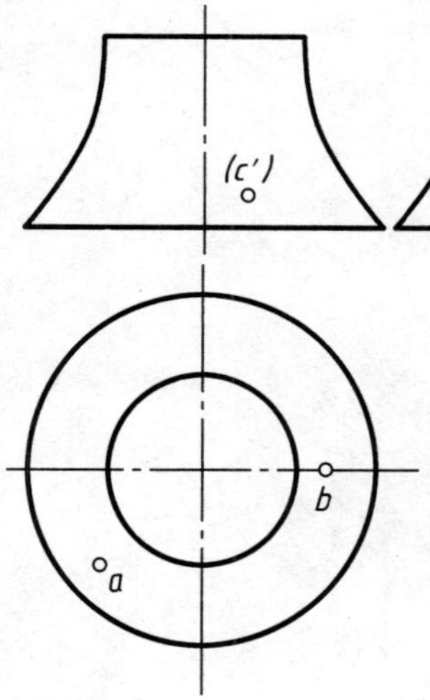

(9)

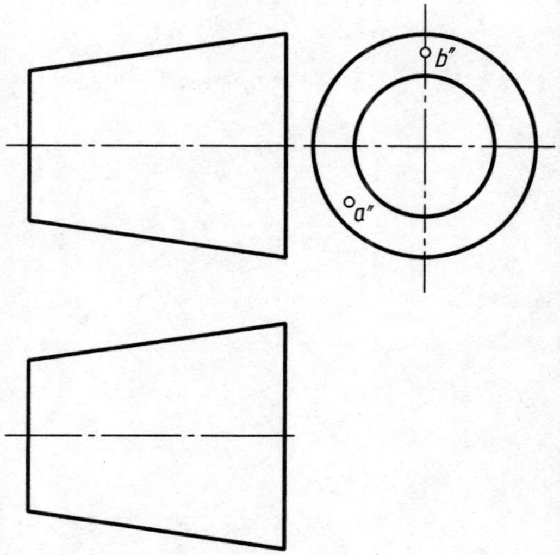

3.3 基本体的尺寸标注

标注下列物体的尺寸(数值直接在图中 1：1 量取并取整数)

(1)

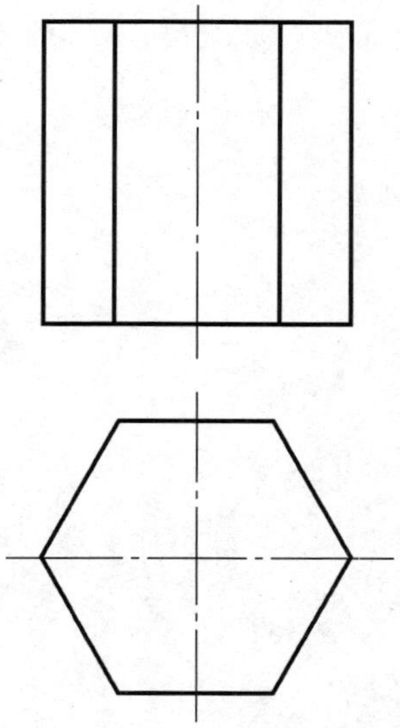

(2)

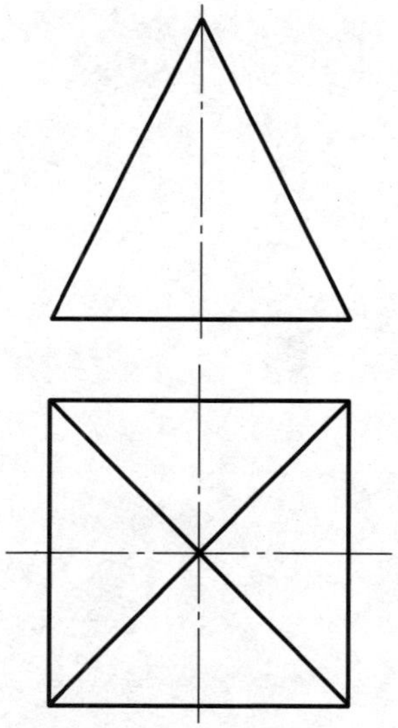

(3)

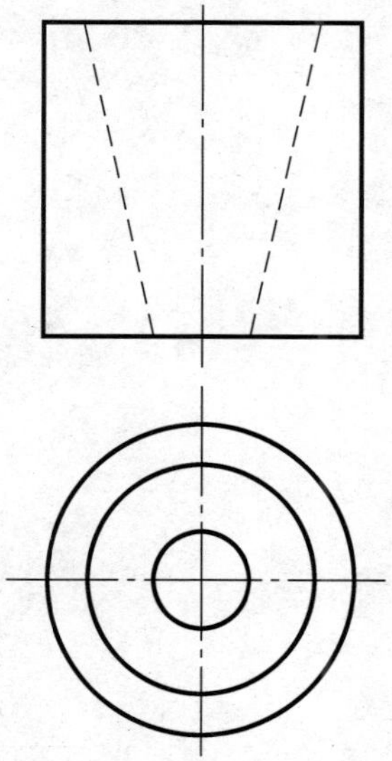

(4)

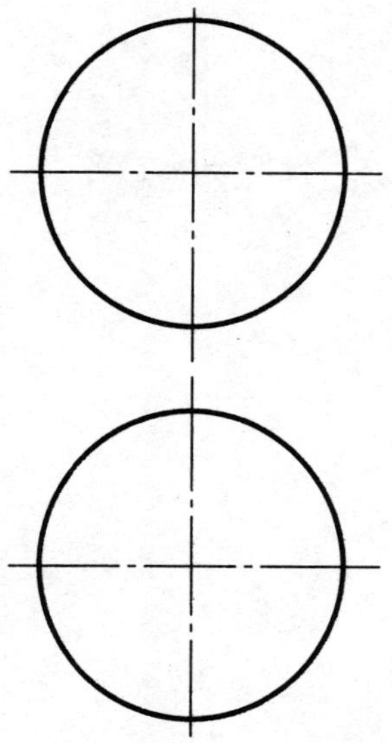

(5)

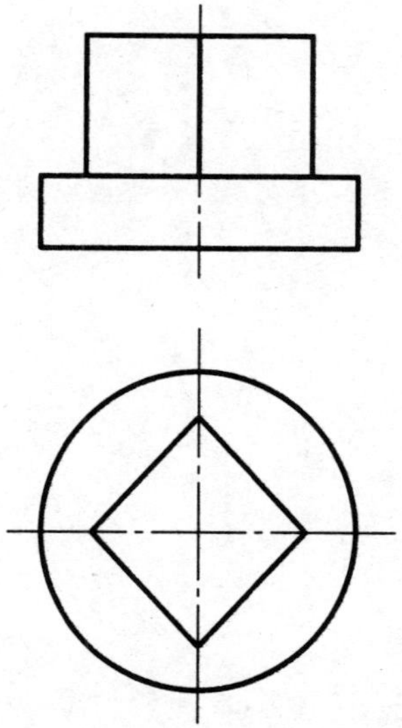

(6)

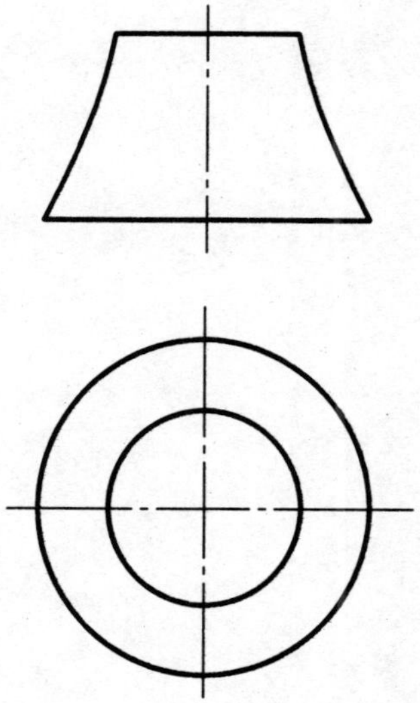

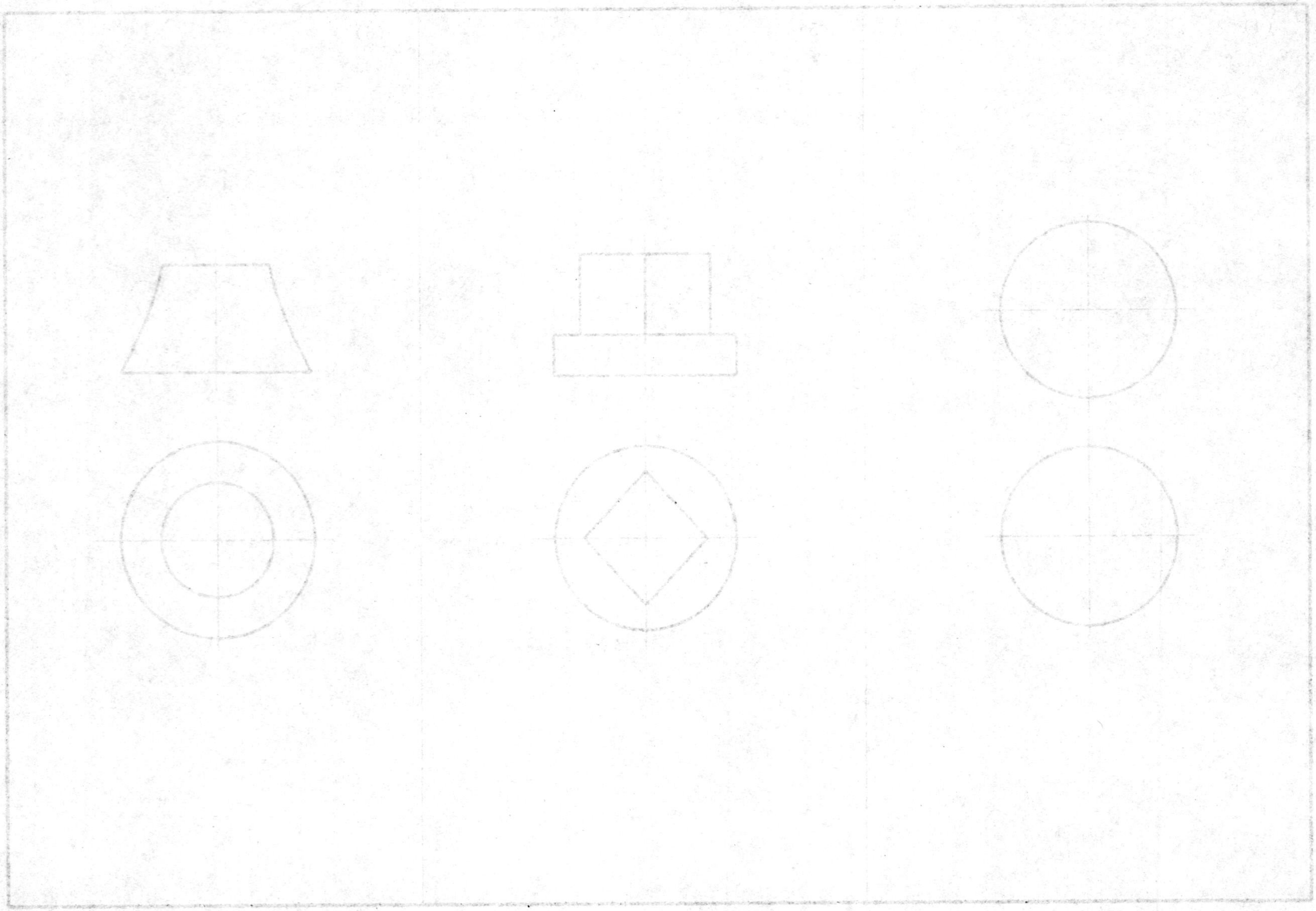

任务四　截交线与相贯线

4.1　截交线

完成切割体的投影

(1)

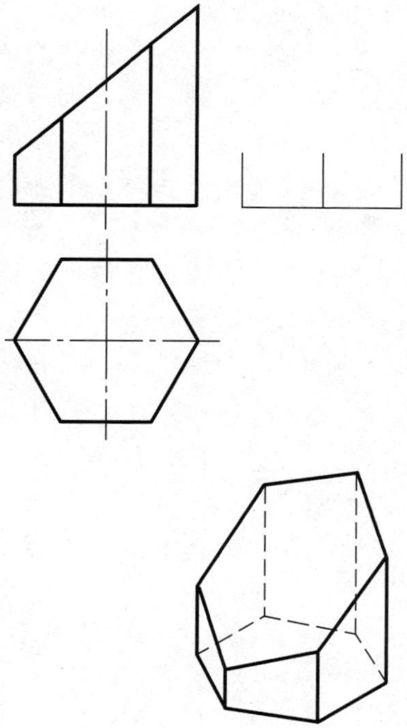

(2)

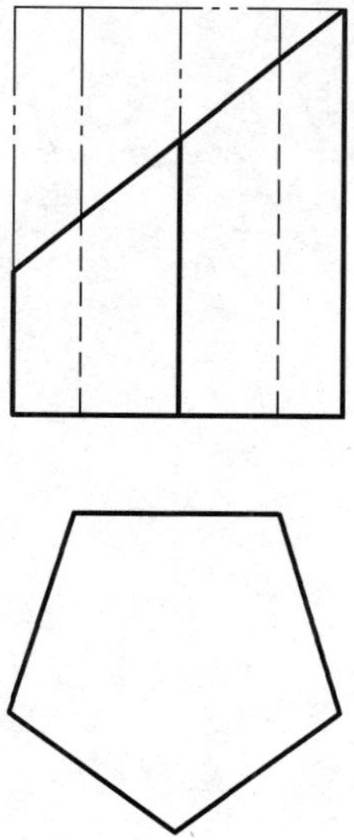

(3)

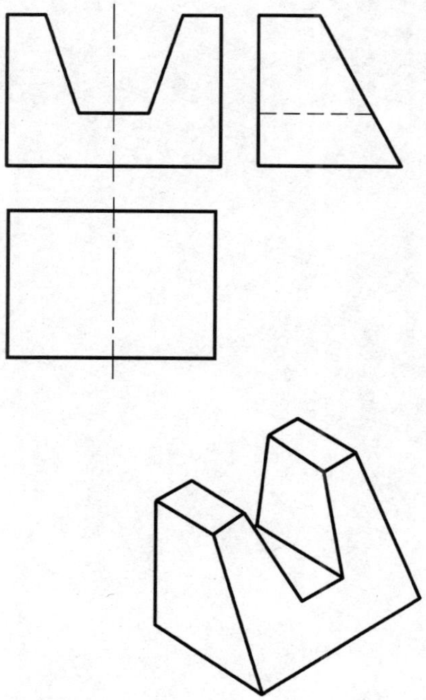

(4)

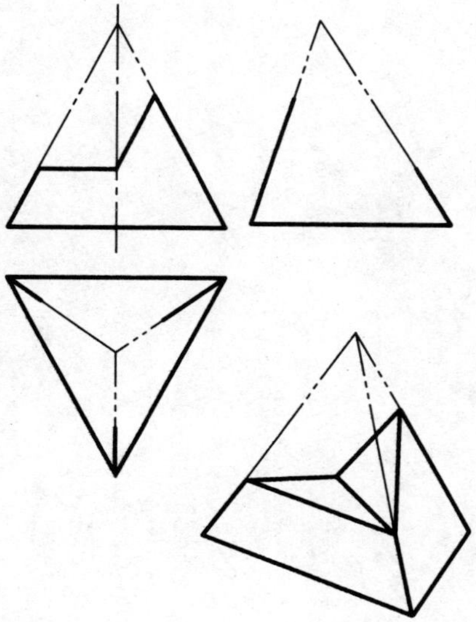

(5)

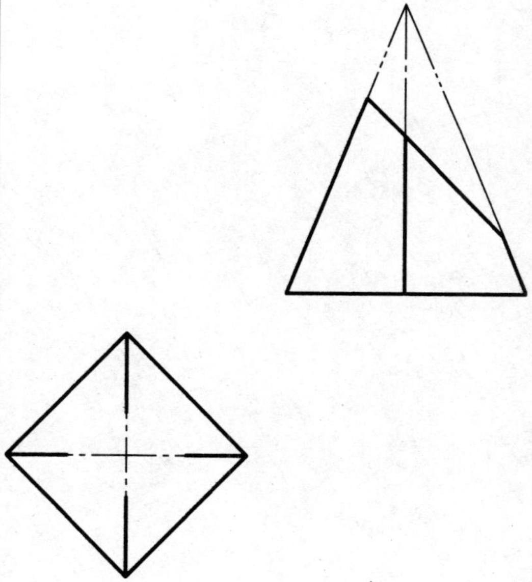

(6)

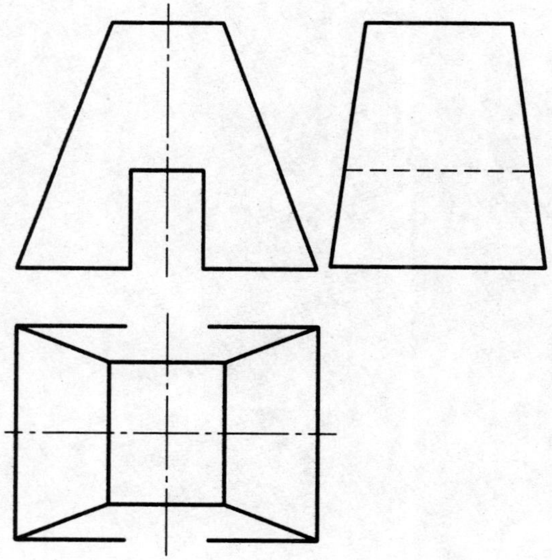

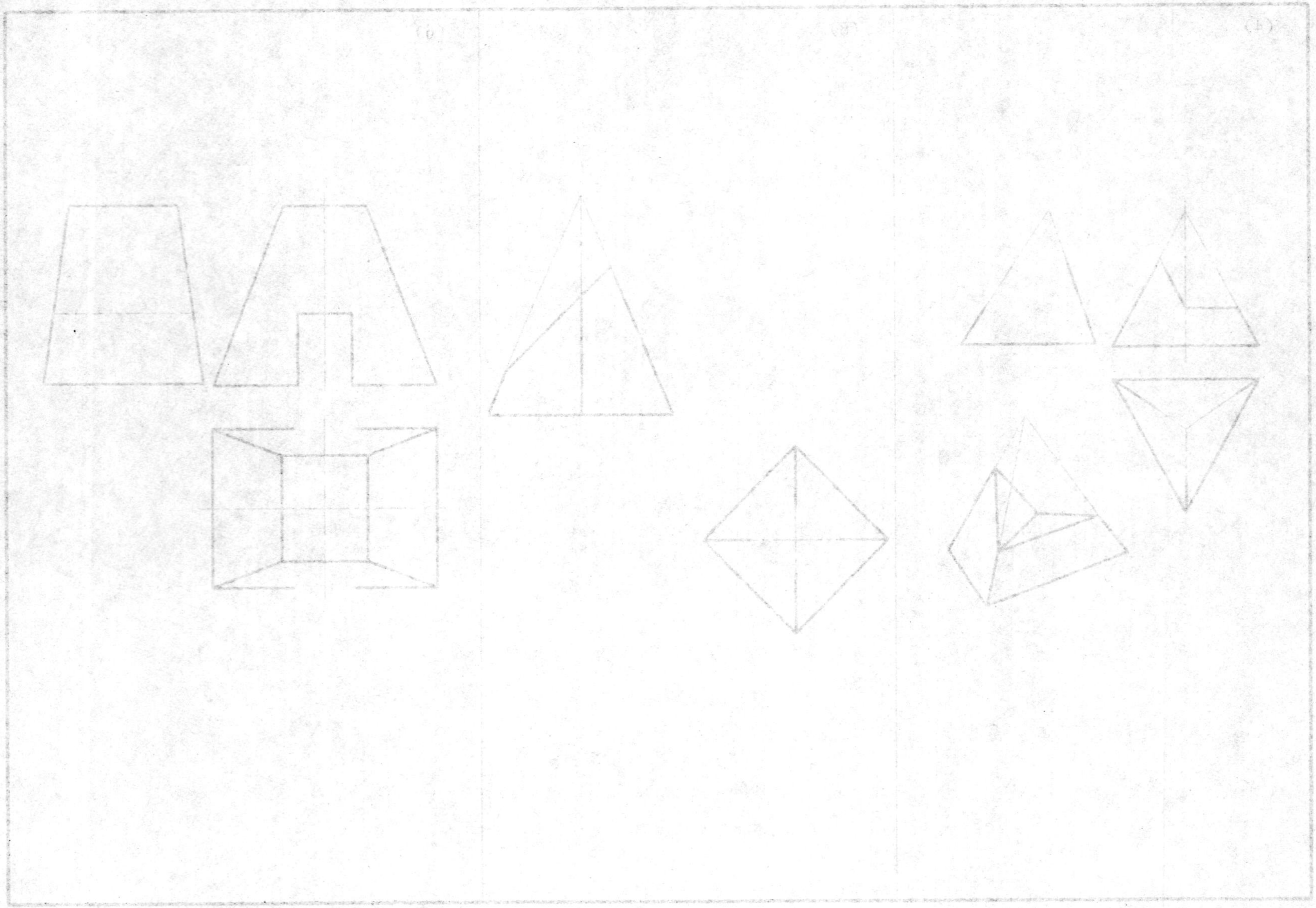

(7)

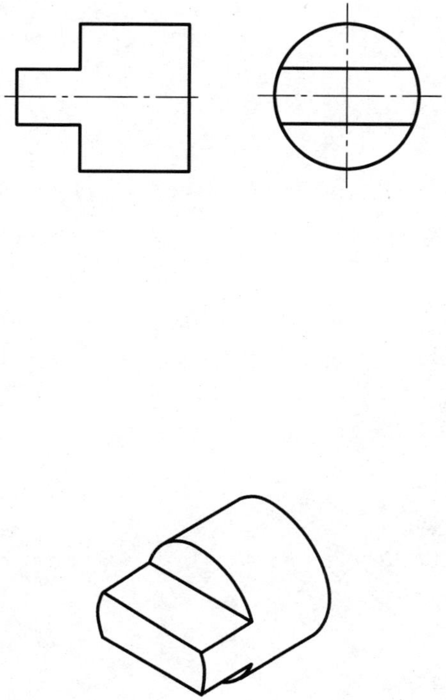

(8)

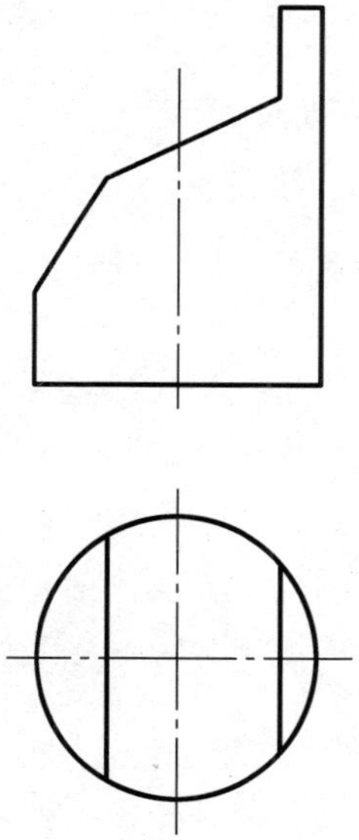

(9)

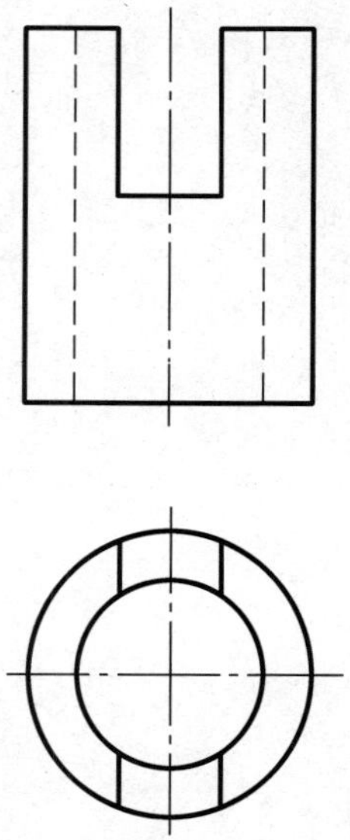

(10)

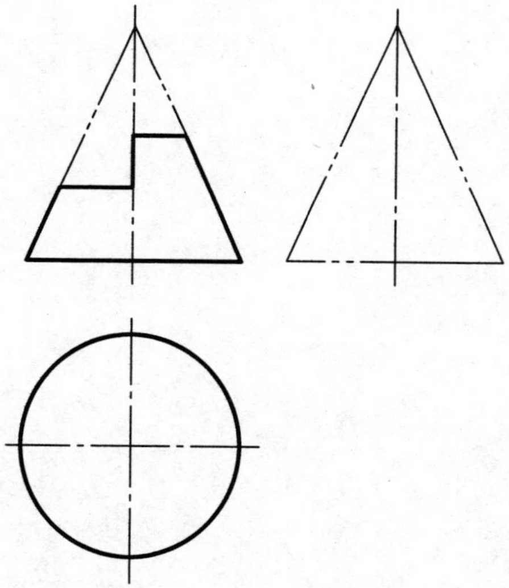

(11)

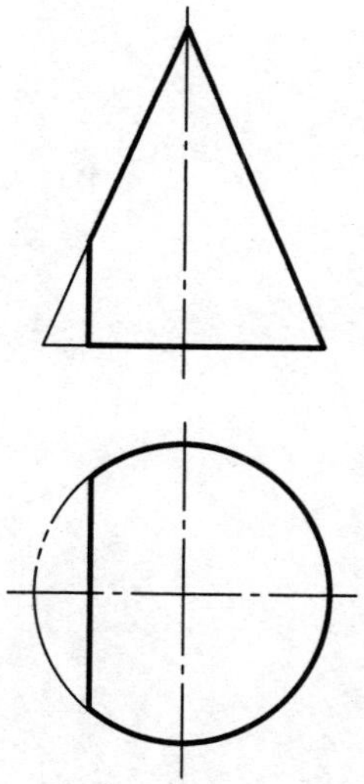

(12)

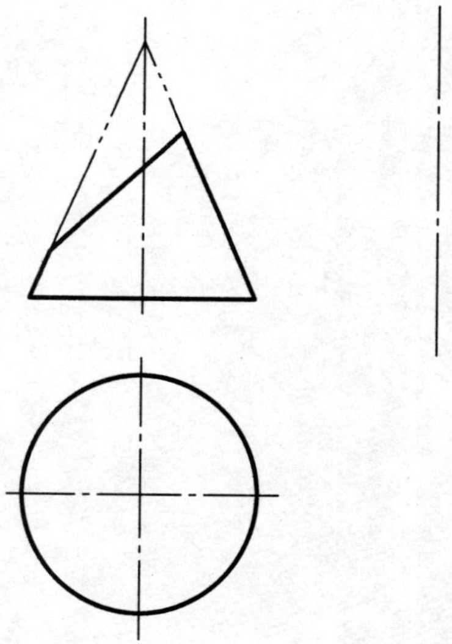

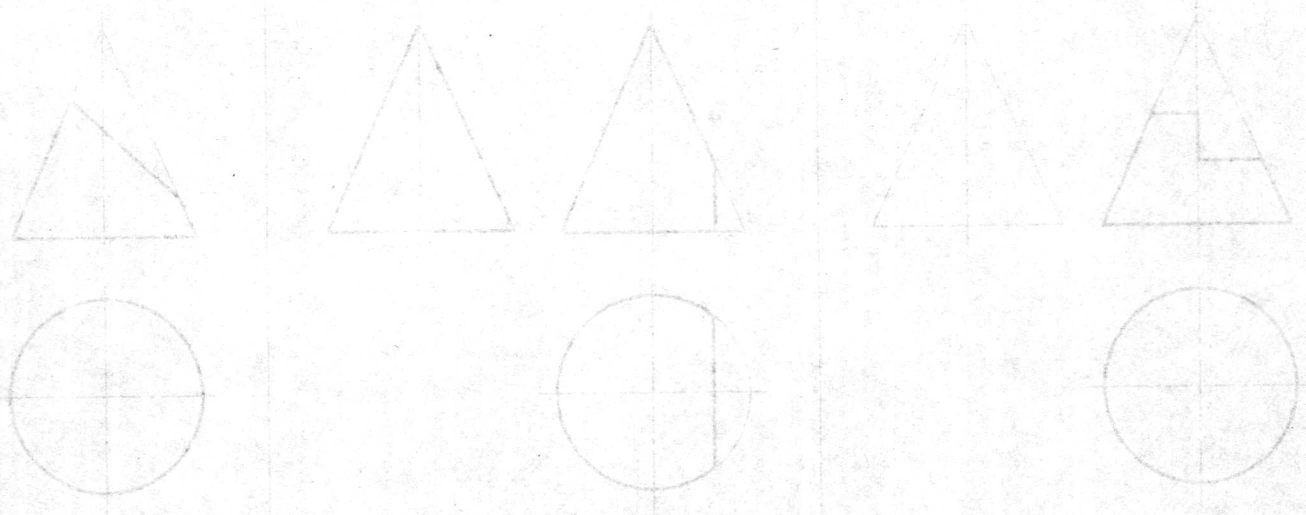

(13)

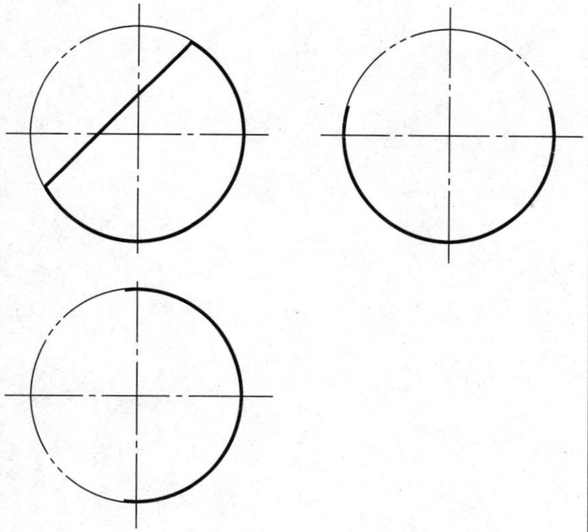

(14)

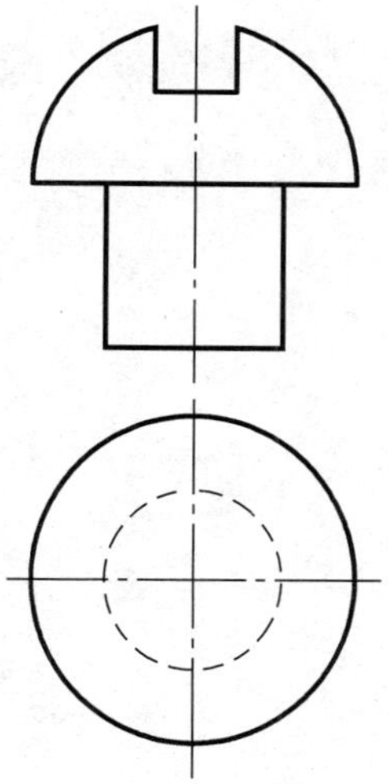

(15)

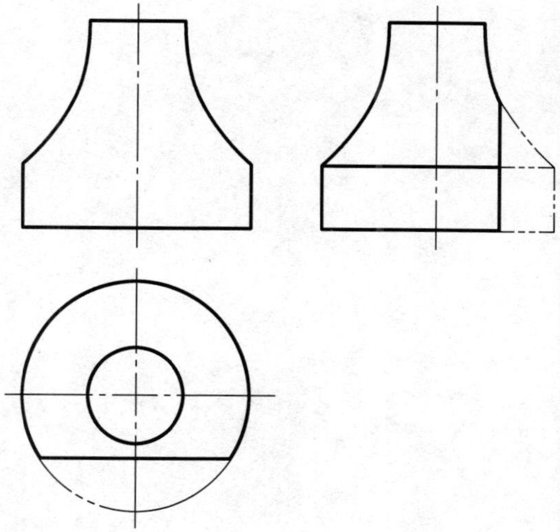

(16)

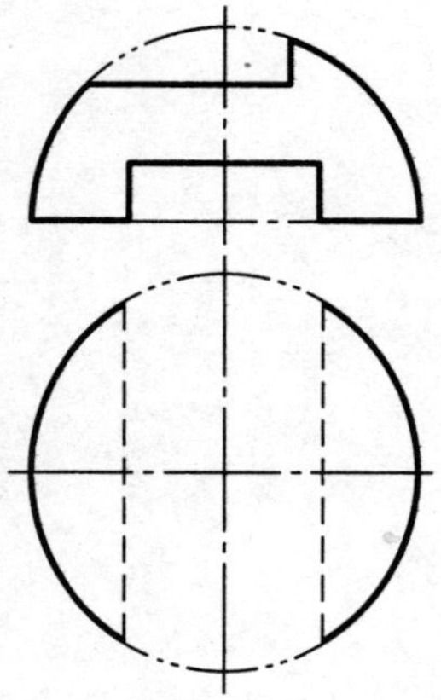

(17)

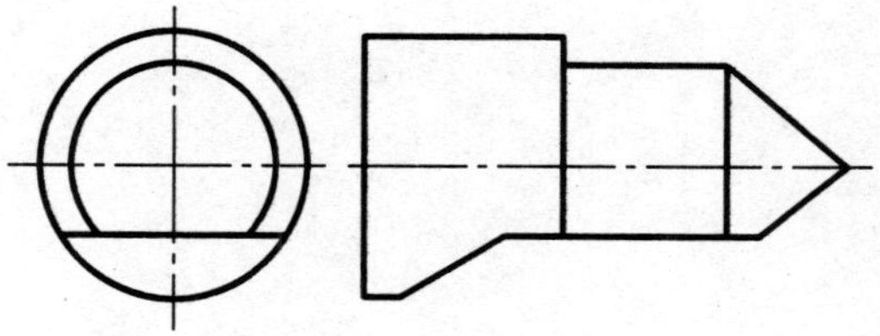

(18)

4.2 相贯线

完成相贯体的投影

(1)

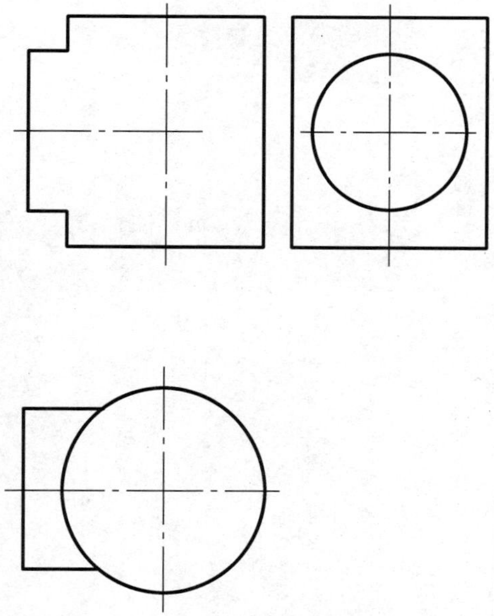

(2)

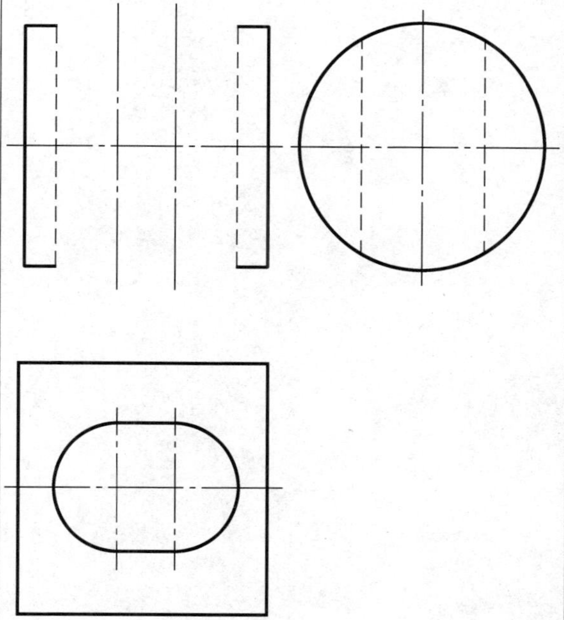

(3)

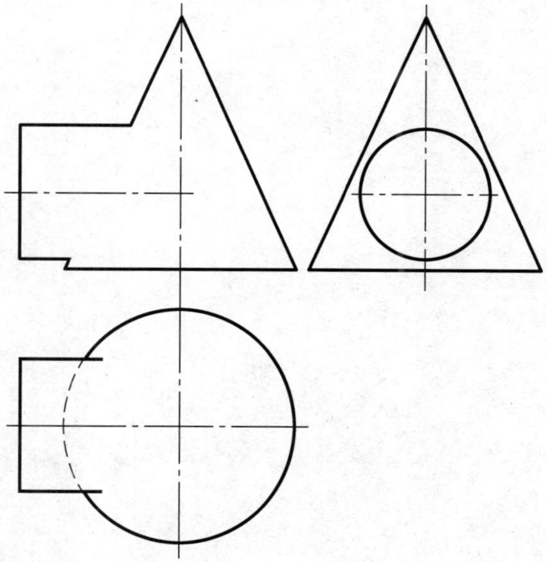

(4)

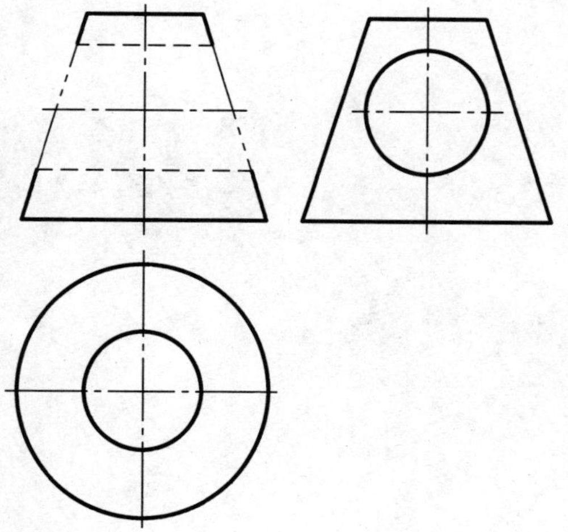

(5)

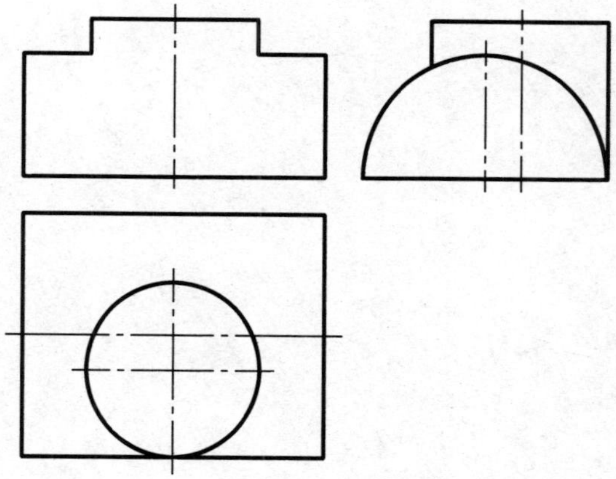

(6)

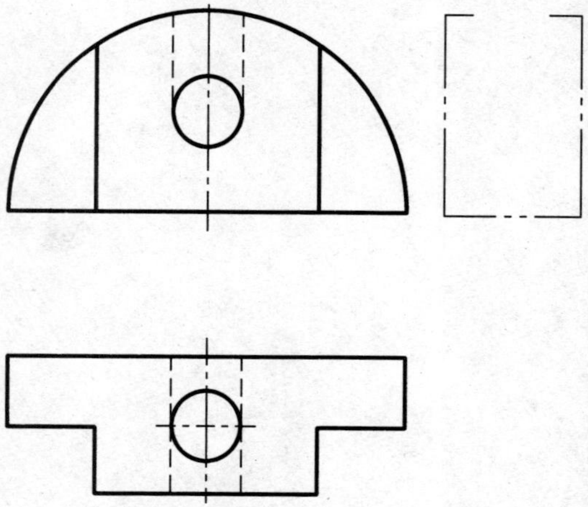

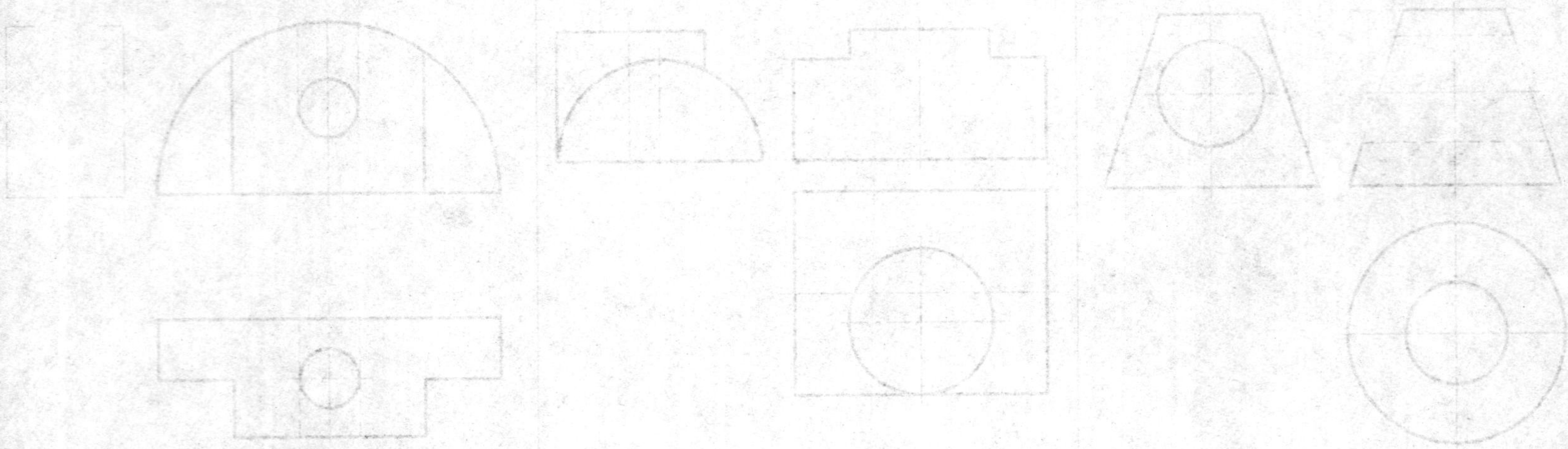

(7)

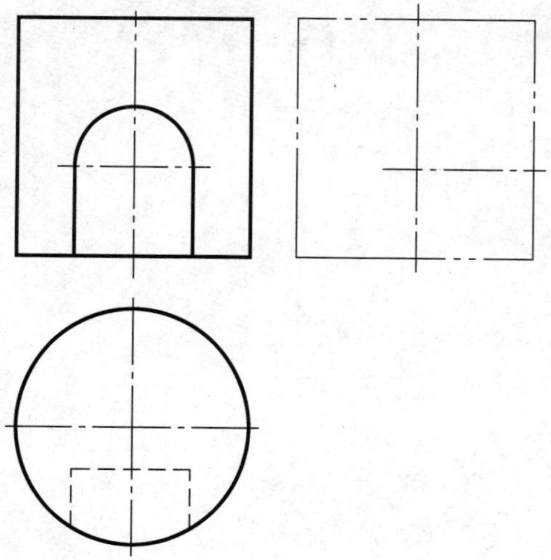

(8)

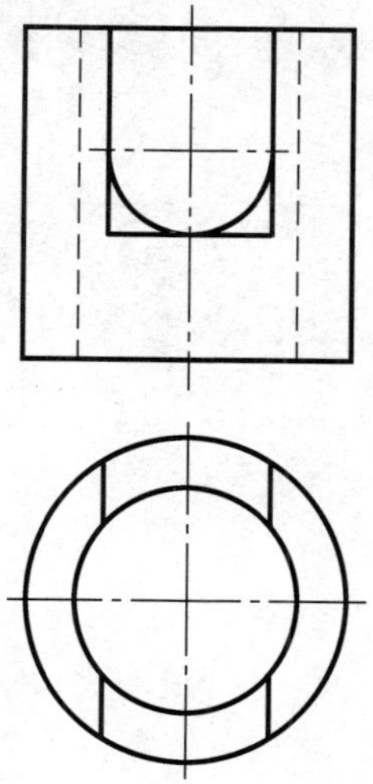

(9)

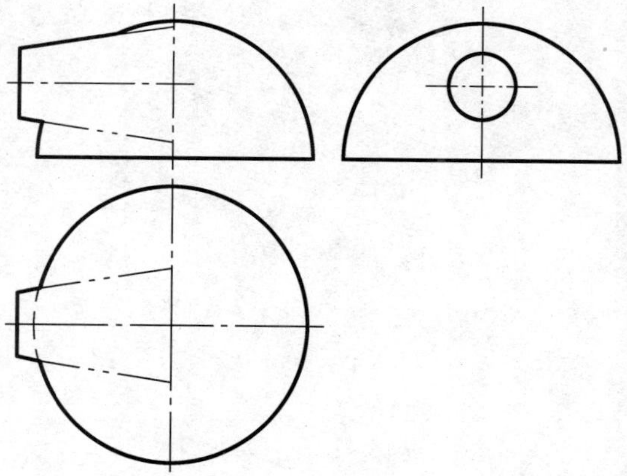

4.3 切割体和相贯体尺寸标注

完成立体投影，并标注尺寸(数值直接在图中 1∶1 量取并取整数)

(1)

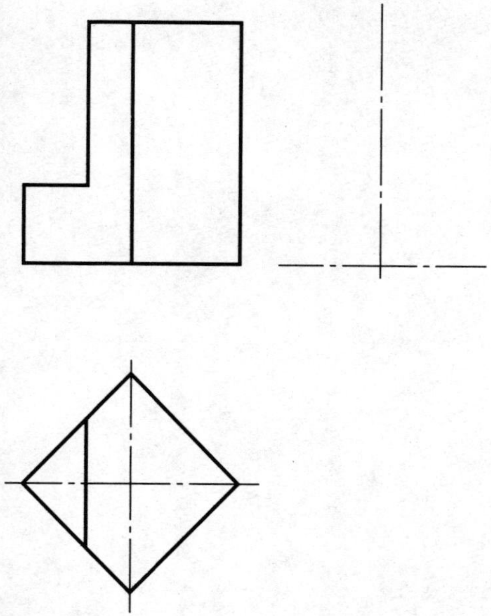

(2)

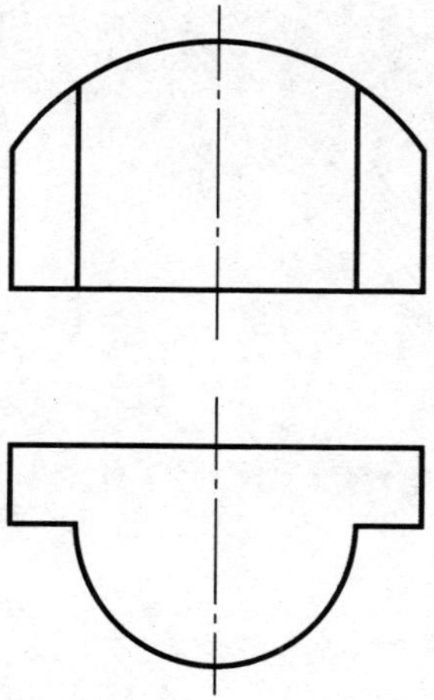

(3)

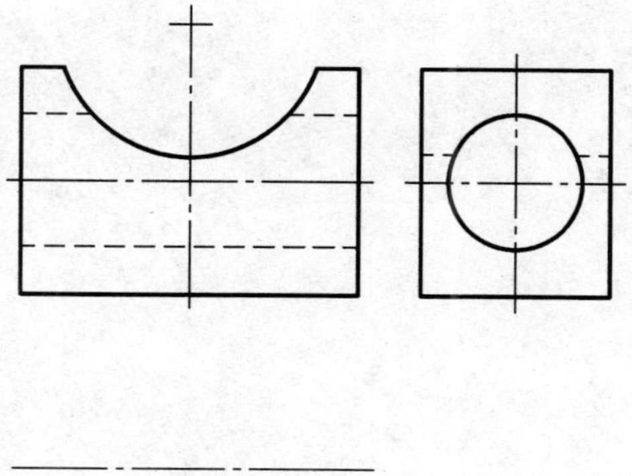

任务五　组合体视图

5.1　组合体视图的画法

1. 根据三视图找出相应的立体图，并在其下方括号内填写对应的序号

(a)

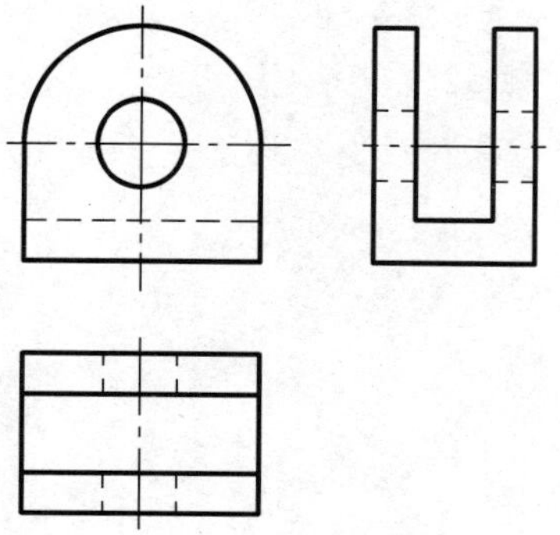

(b)

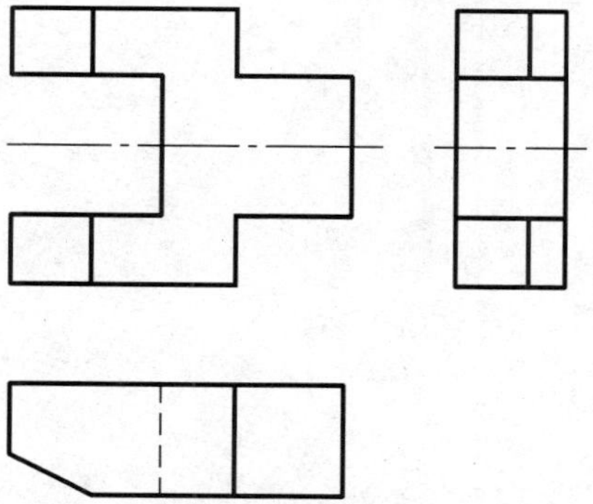

(c)

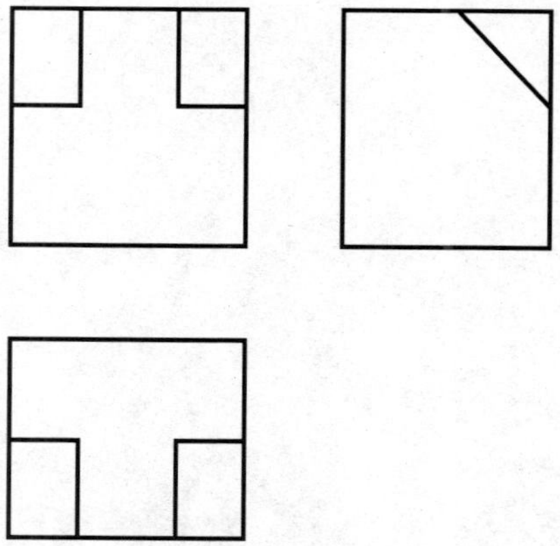

(d)

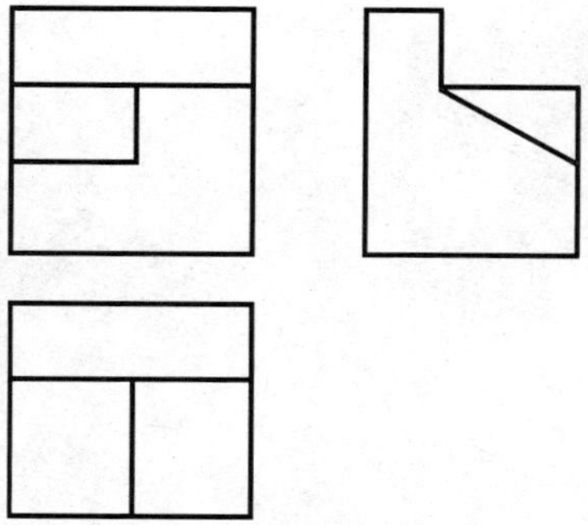

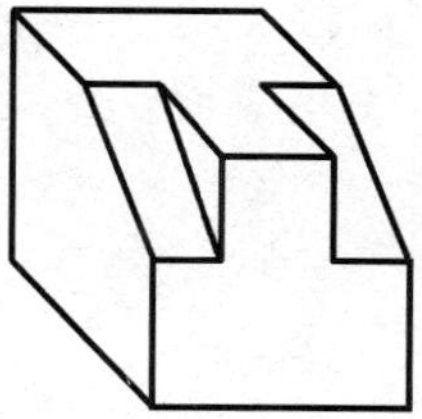

(　　)

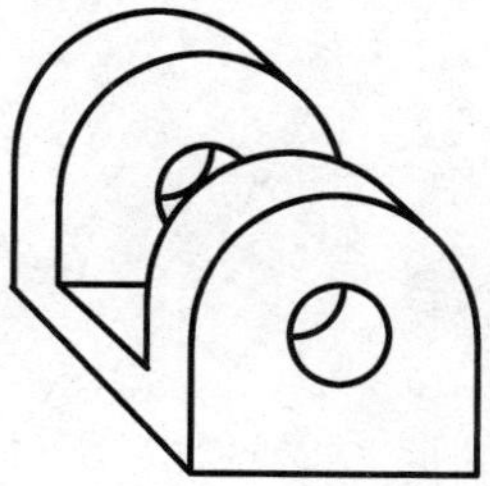

(　　)

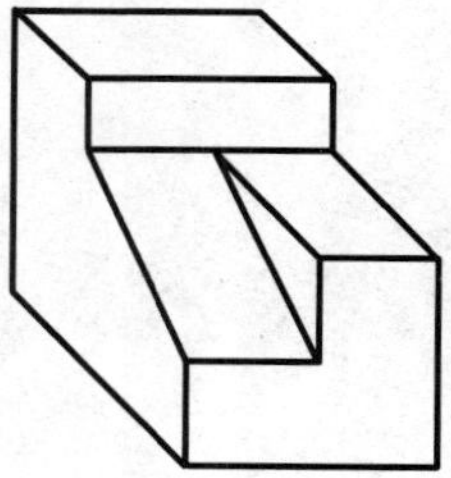

(　　)

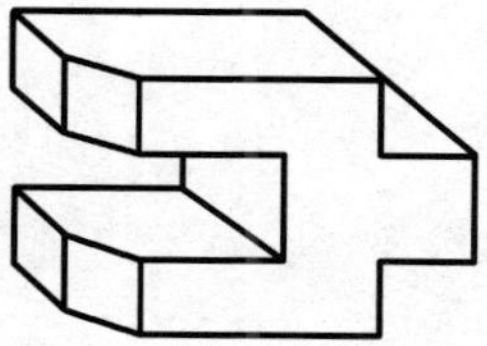

(　　)

2. 根据轴测图，补画视图中所缺的线

(1)

(2)

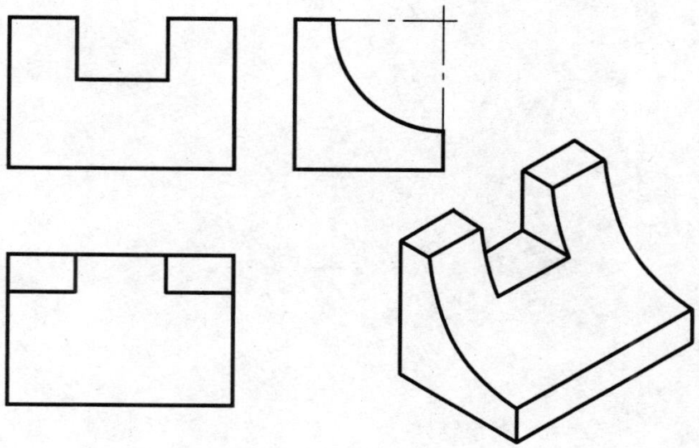

(3)

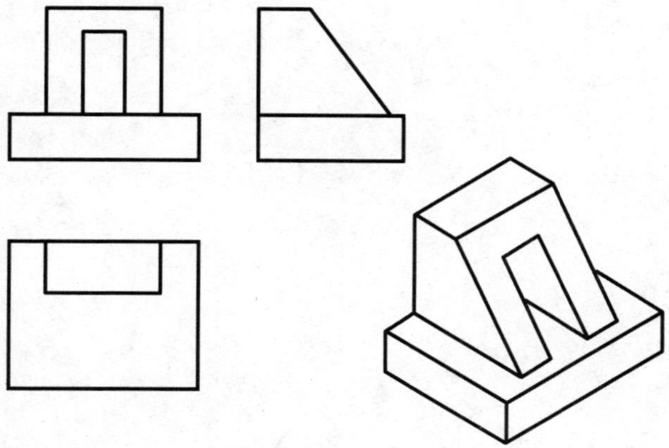

(4)

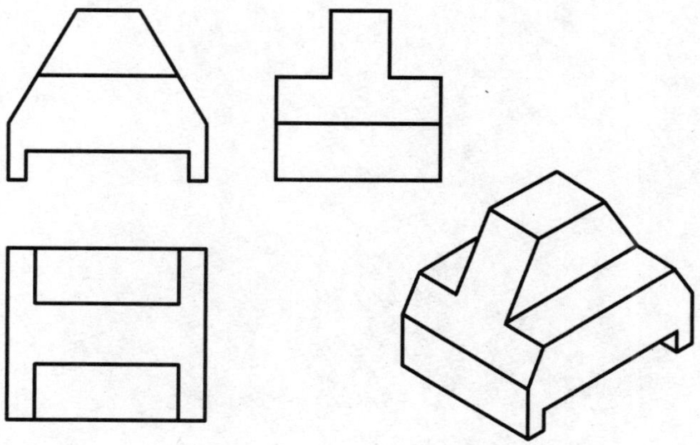

3. 参考立体图，根据已知两视图，按照投影关系补画第三视图

(1)

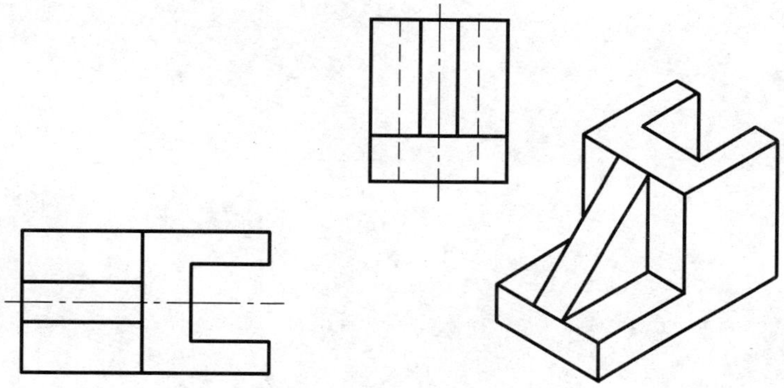

(2)

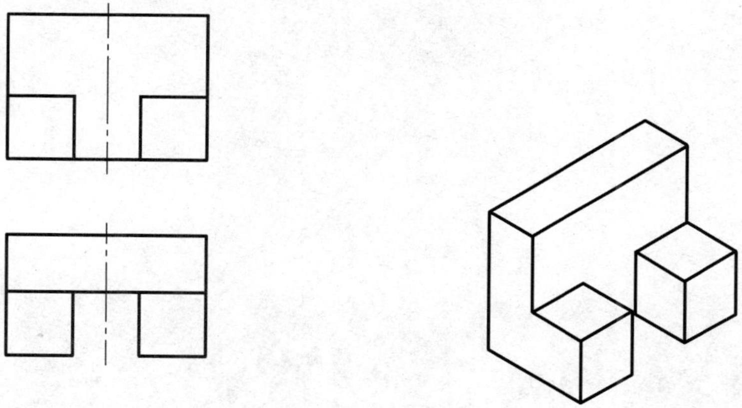

(3)

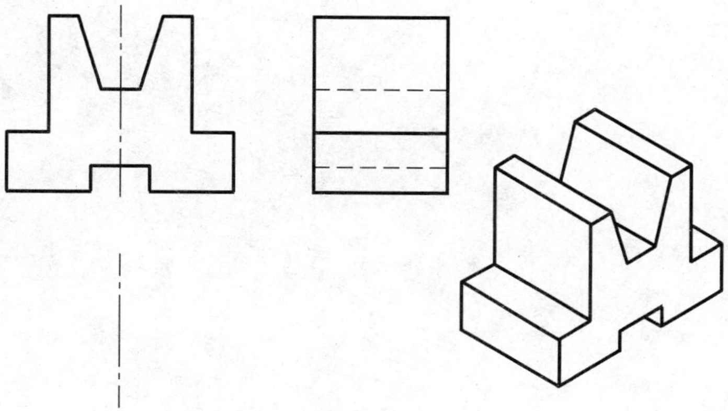

(4)

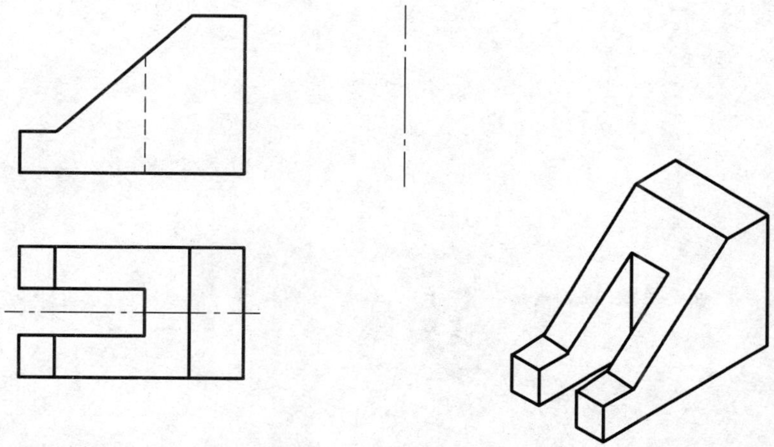

4. 根据立体图画出三视图

(1)

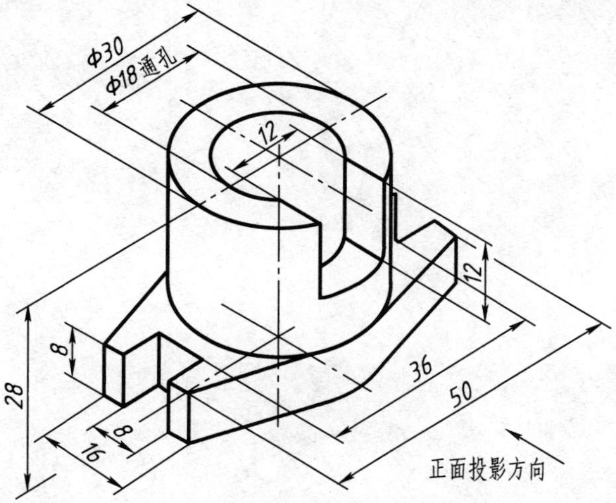

(2)

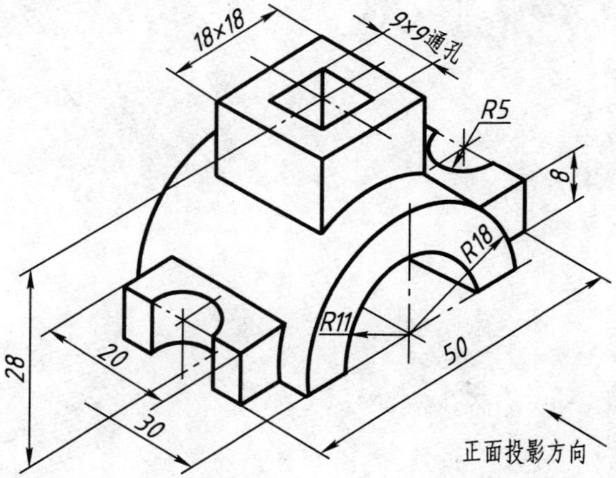

(3)

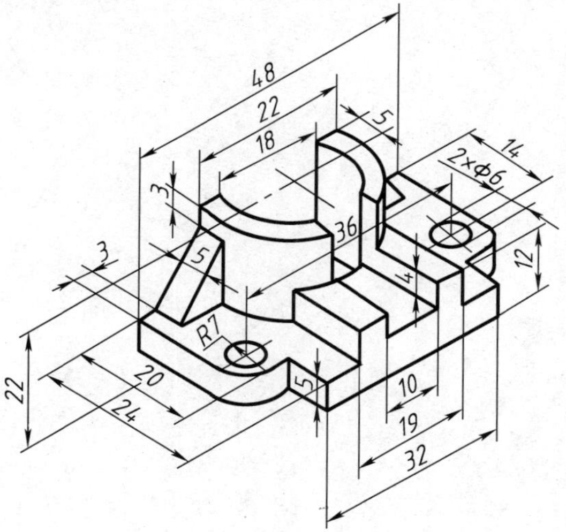
48
22
18
5
14
2×Φ6
3
36
3
5
12
4
R7
22
20
24
5
10
19
32

(4)

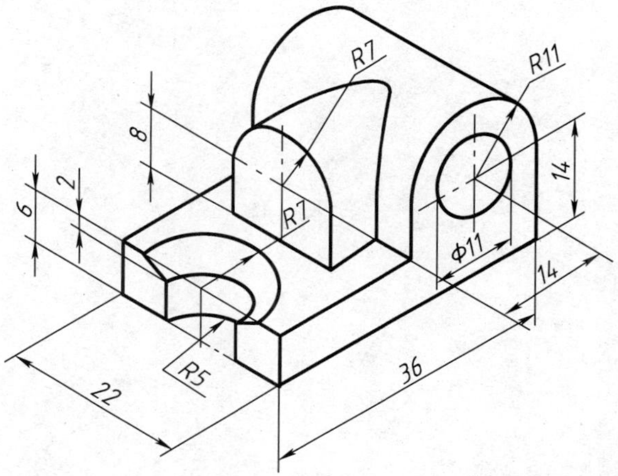
R7
R11
8
2
6
R7
14
Φ11
14
R5
22
36

5.2 组合体的尺寸标注

1. 标注下列立体的尺寸

(1)

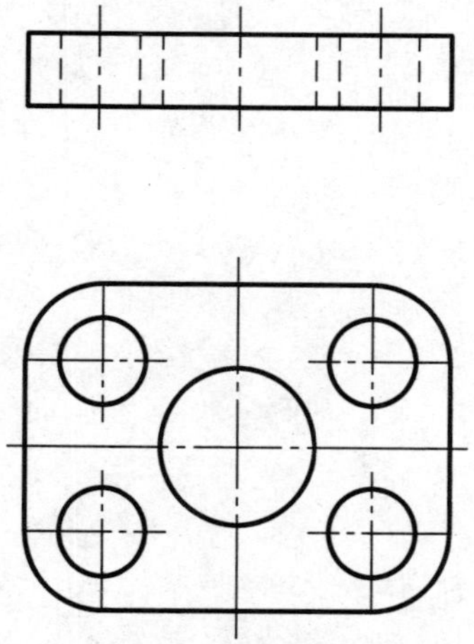

(2)

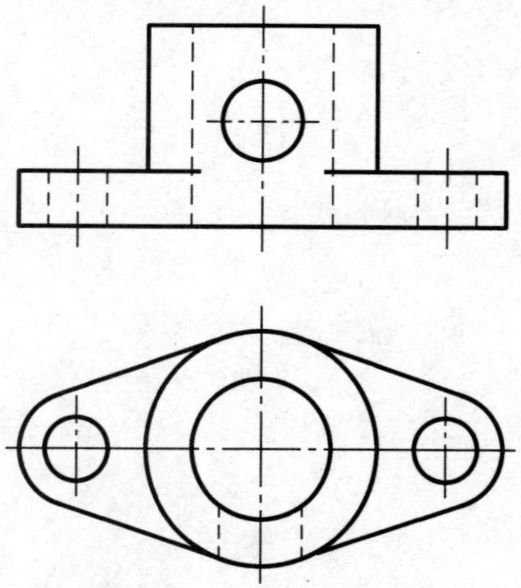

(3)

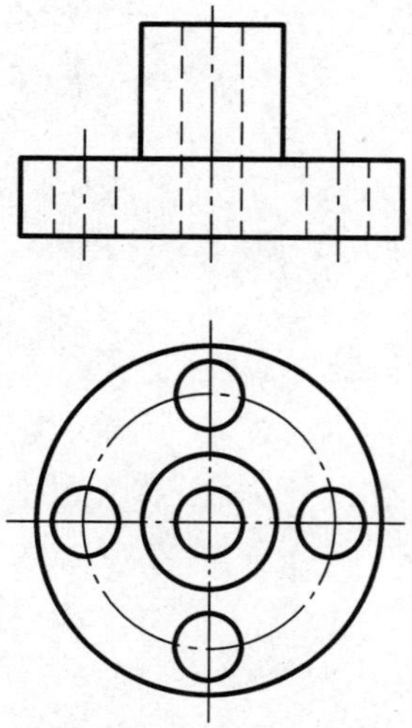

(4)

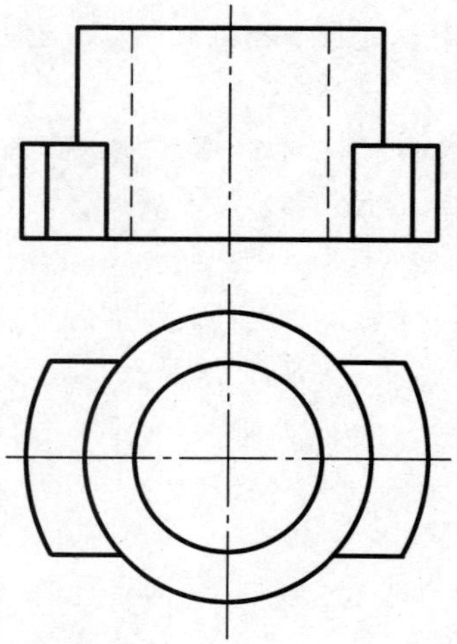

(5)

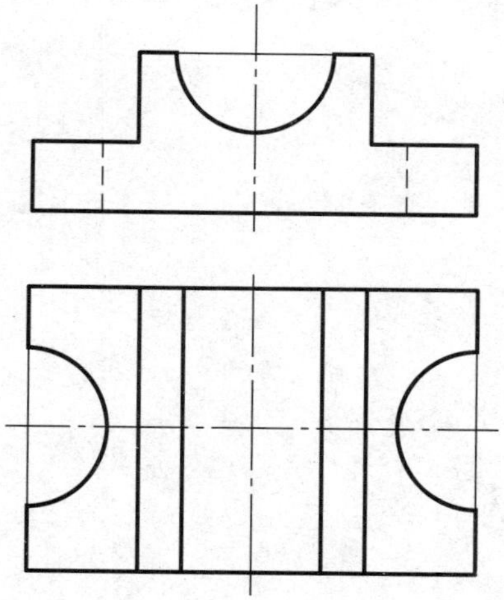

(6)

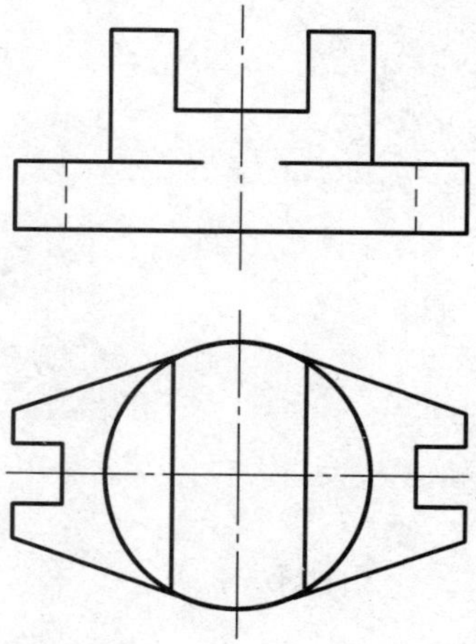

(7)

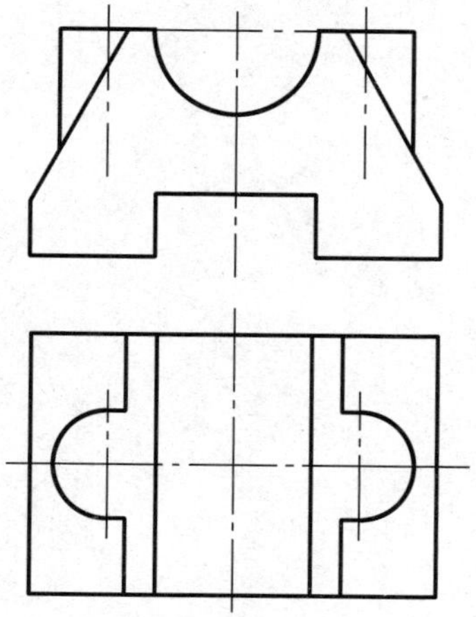

(8)

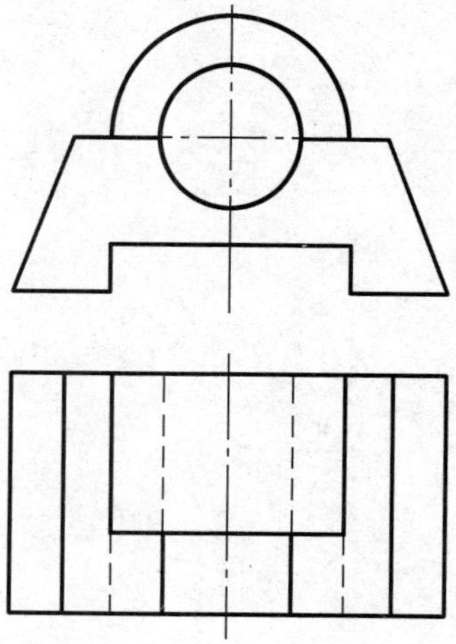

2. 根据立体图画出三视图，并标注尺寸(尺寸直接在图中 1 : 1 量取)

(1)

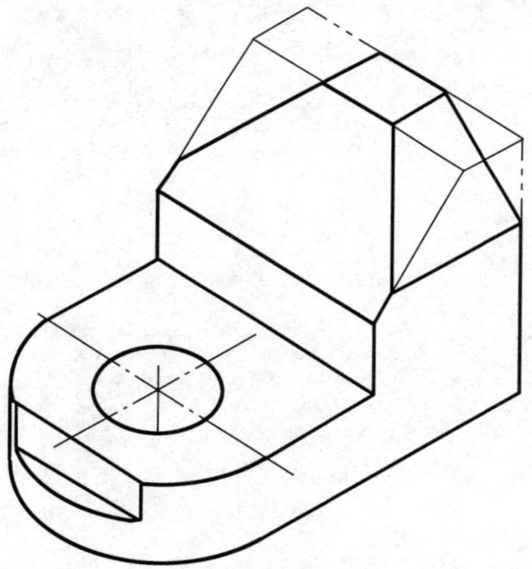

(2)

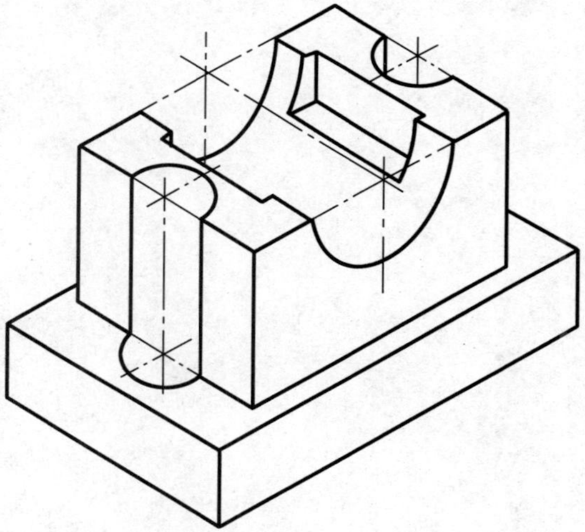

3. 看懂三视图，标注漏掉的尺寸

(1)

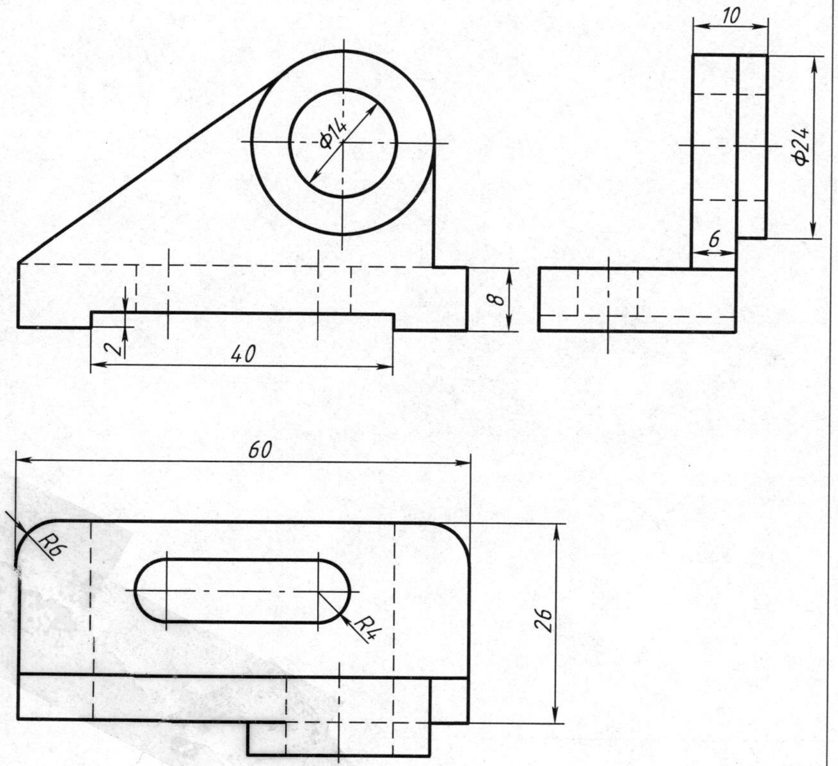

(2)

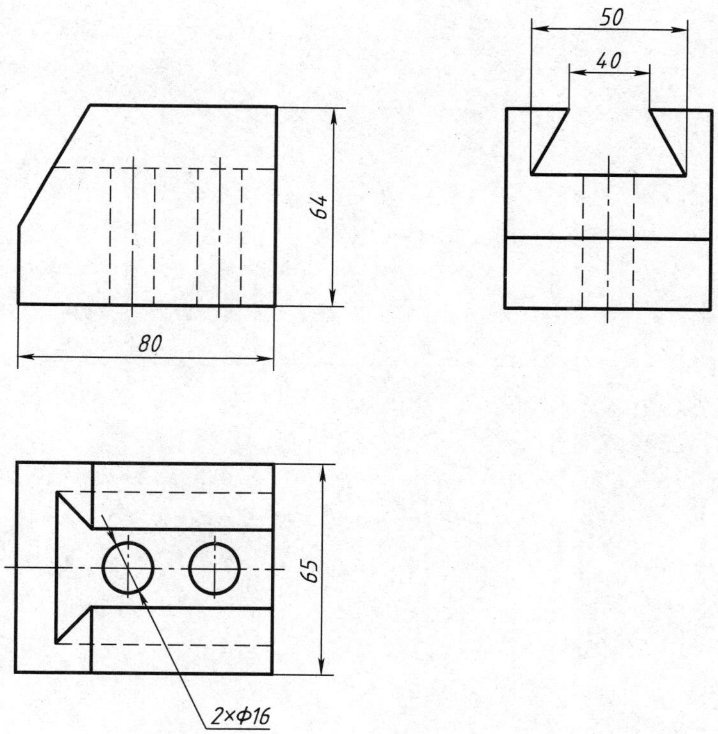

5.3 读组合体视图

1. 在所给视图中补画漏掉的线

(1)

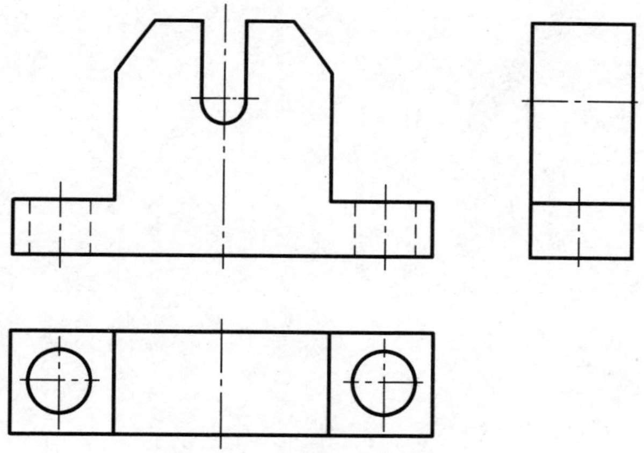

(2)

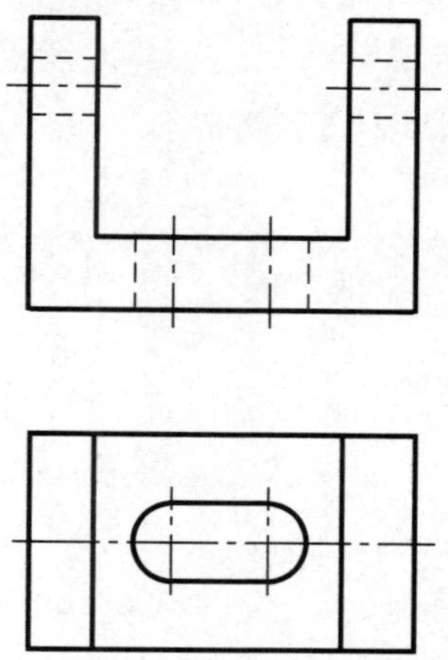

(3)

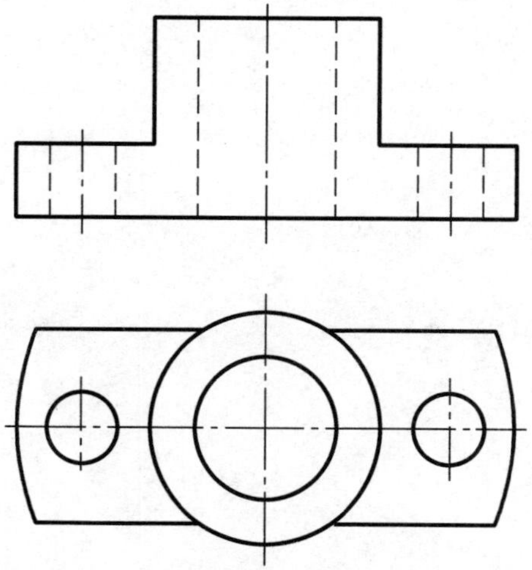

(4)

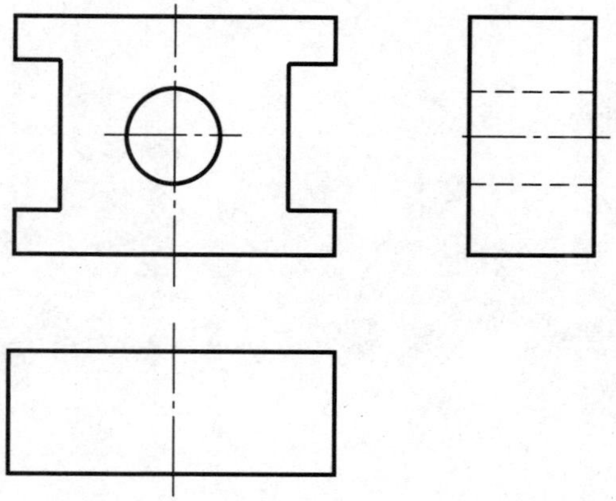

(5)

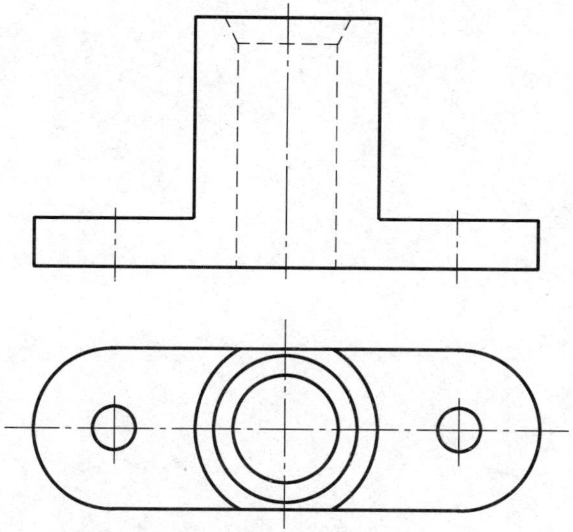

(6)

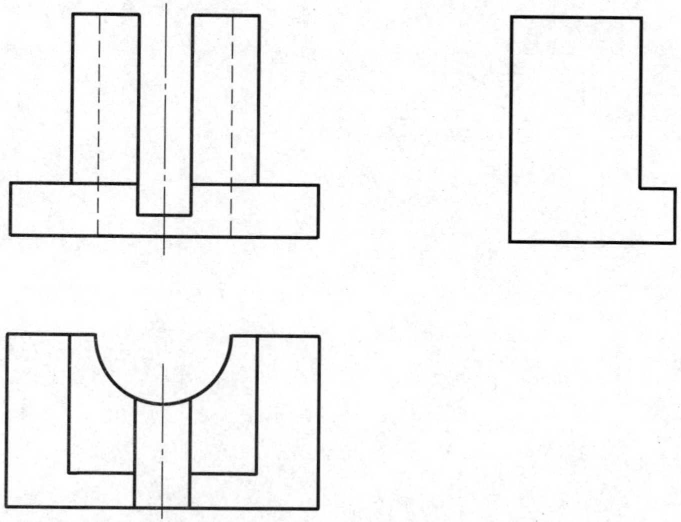

(7)

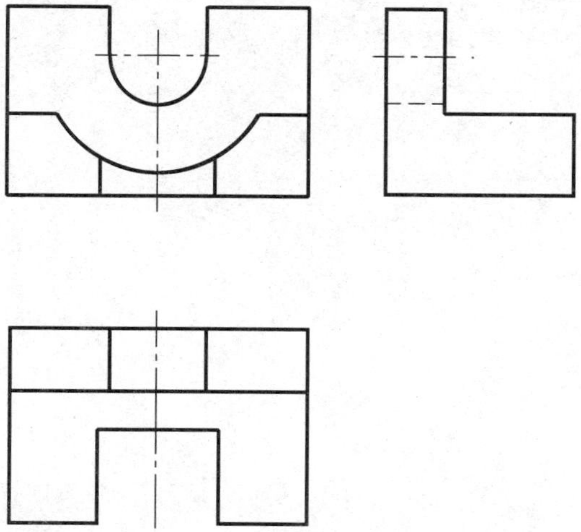

(8)

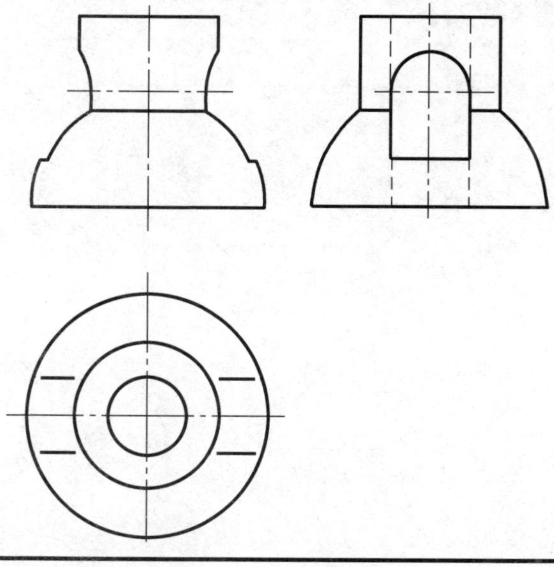

2. 根据已知两视图，补画第三视图

(1)

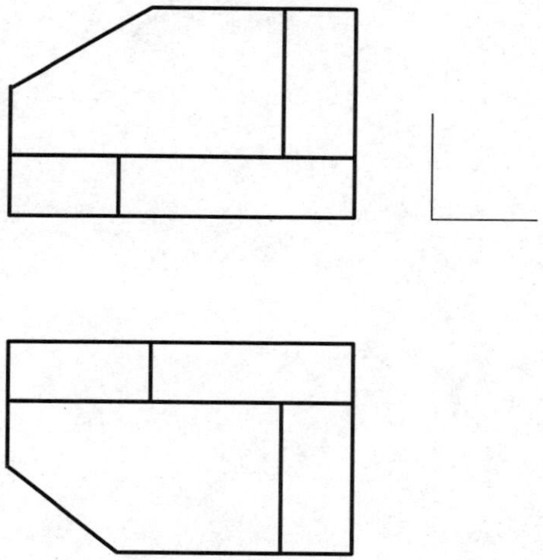

(2)

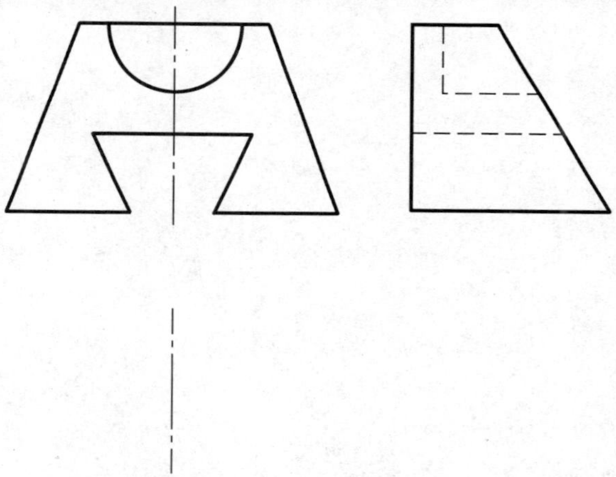

(3)

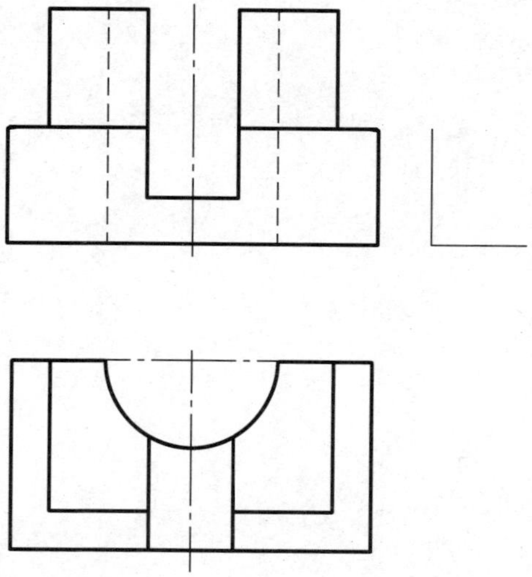

(4)

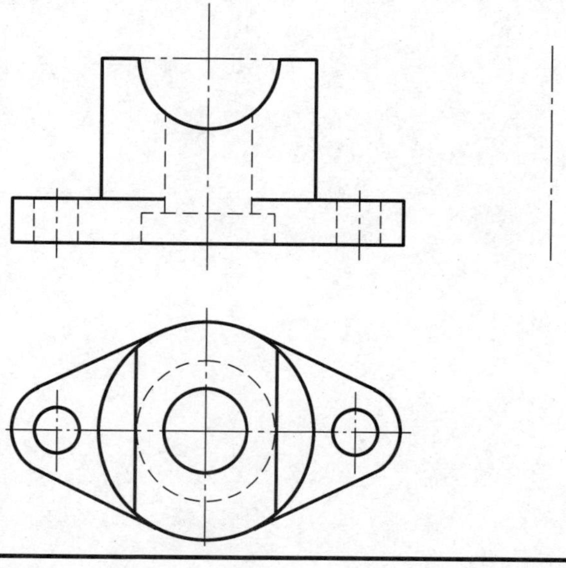

(5)

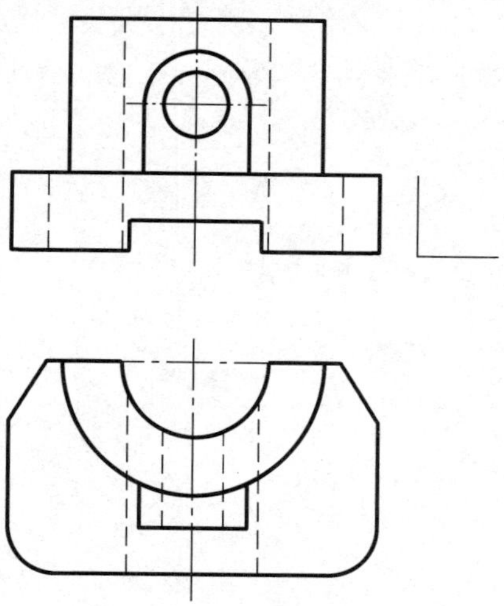

(6)

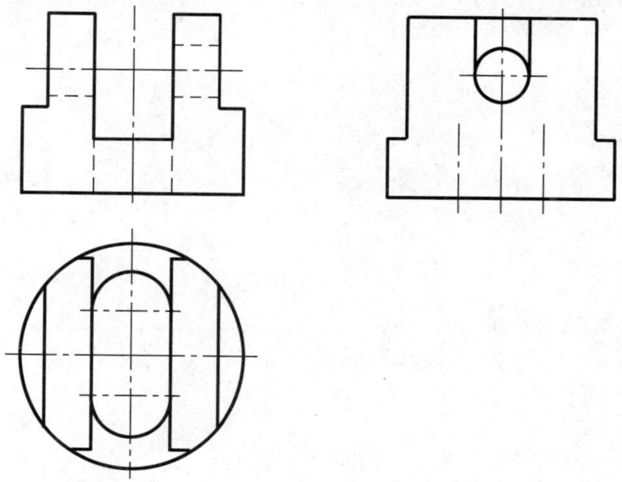

(7)

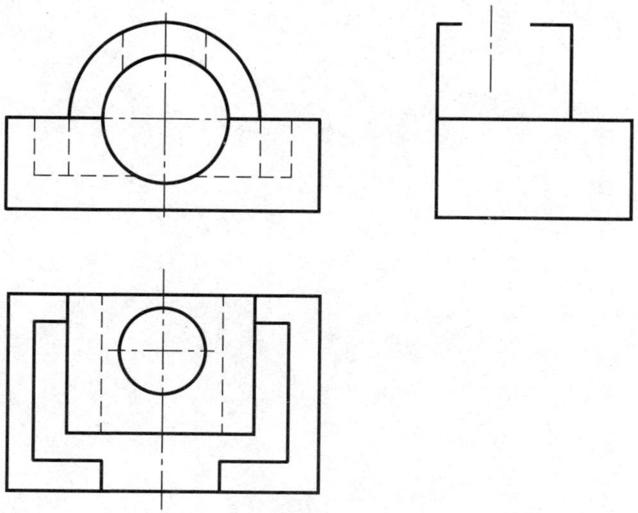

(8)

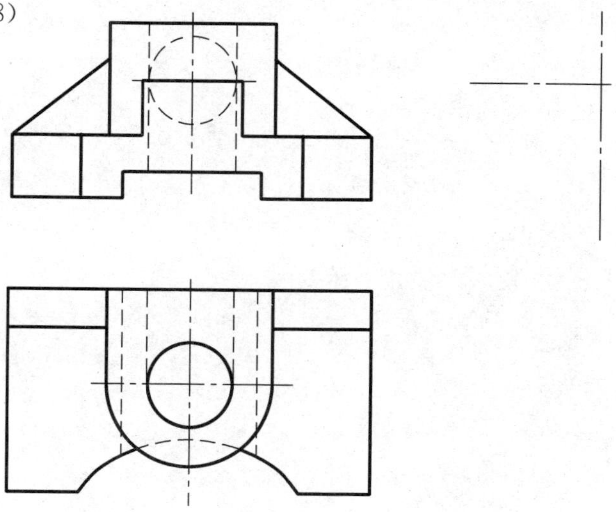

任务六　轴测投影图

6.1　正等轴测图的画法

根据所给的视图,绘制正等轴测图

(1)

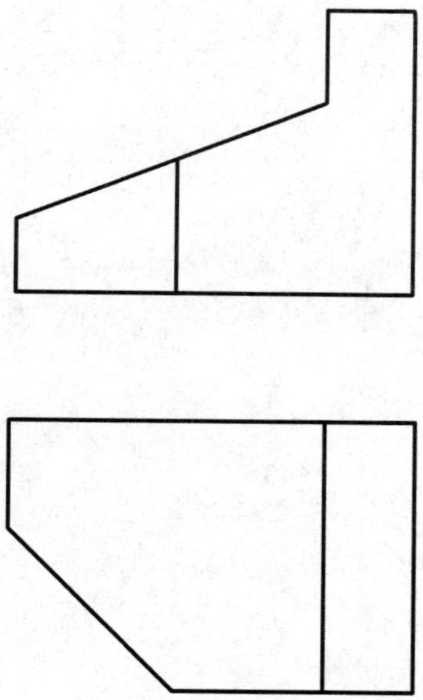

(2)

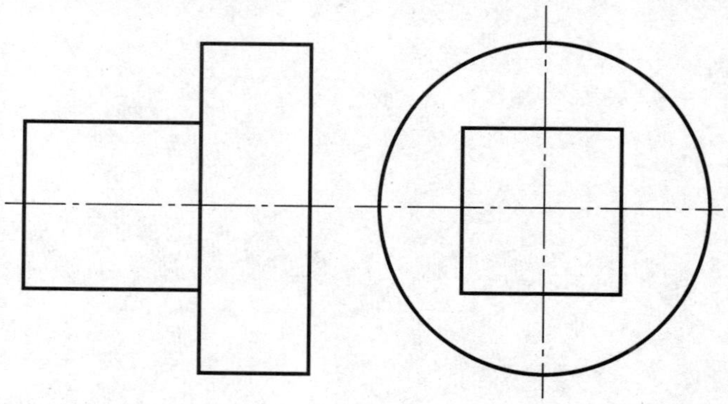

(3)

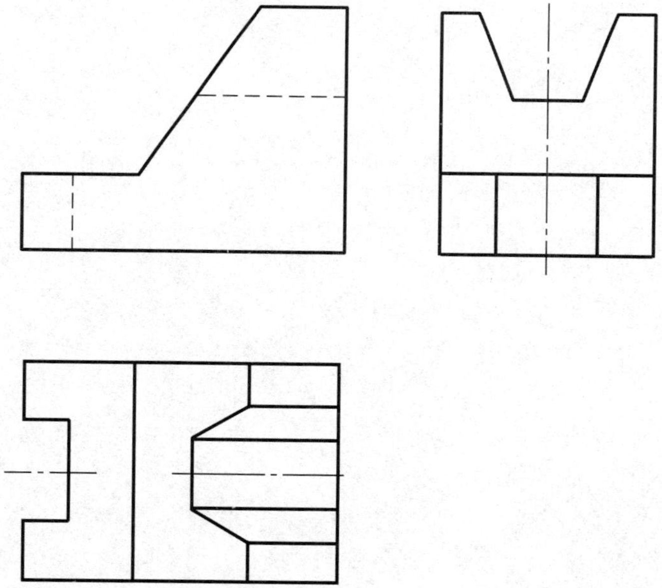

(4)

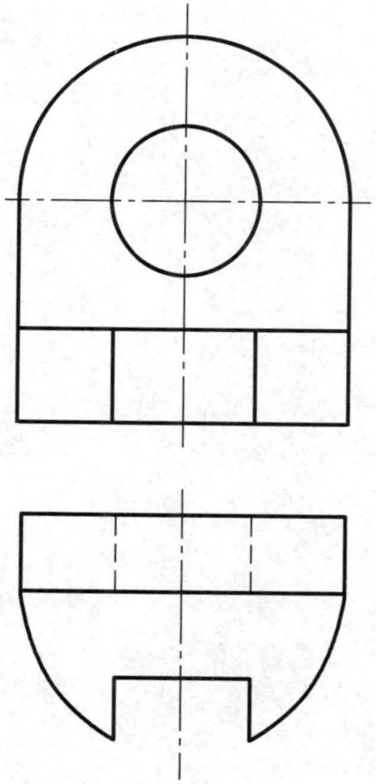

(5)

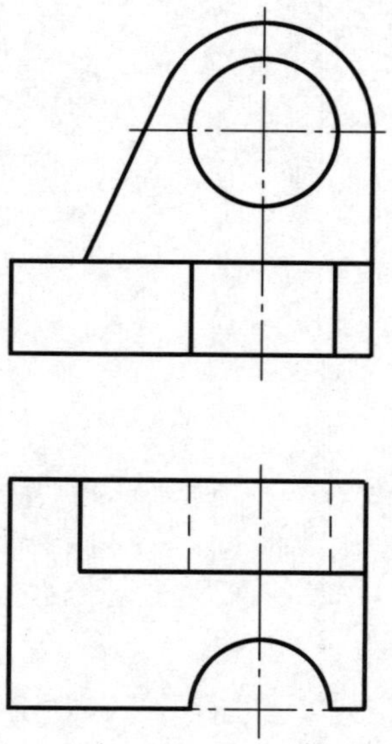

(6)

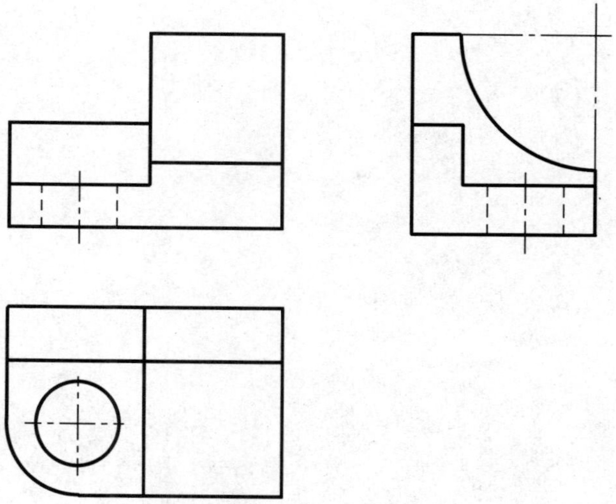

6.2 斜二测图的画法

根据所给的视图，绘制斜二测图

(1)

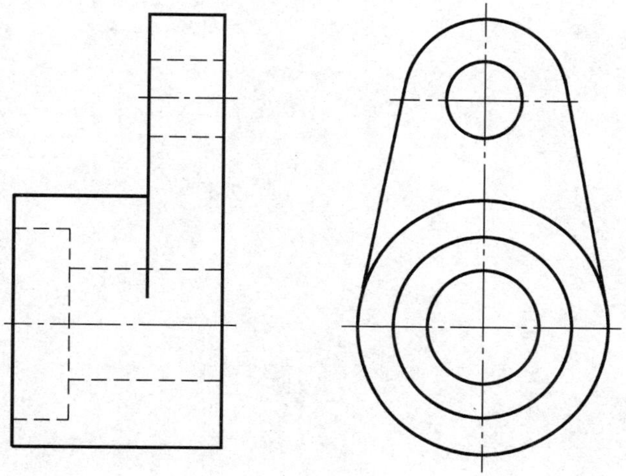

(2)

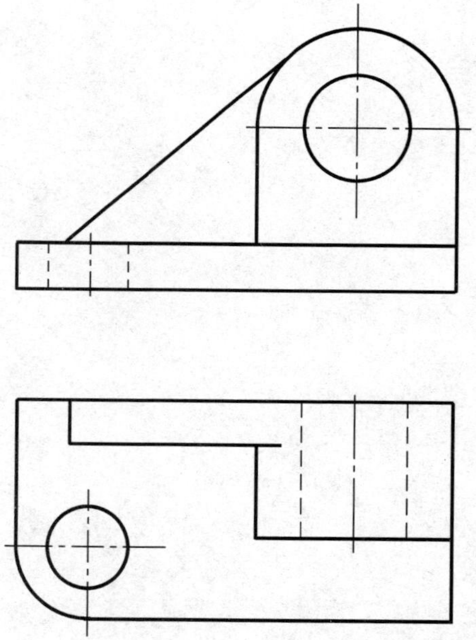

(3)

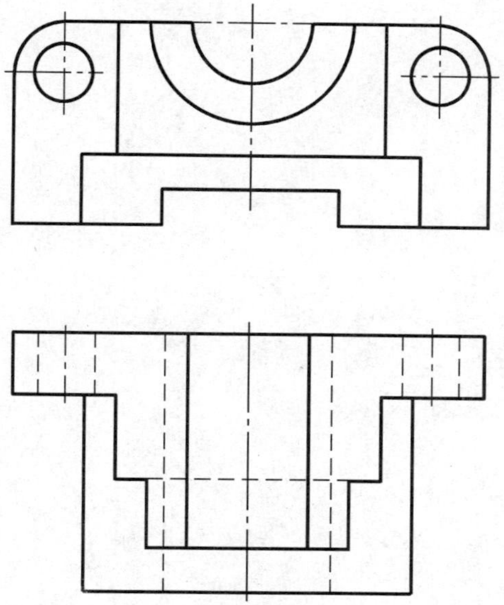

(4)

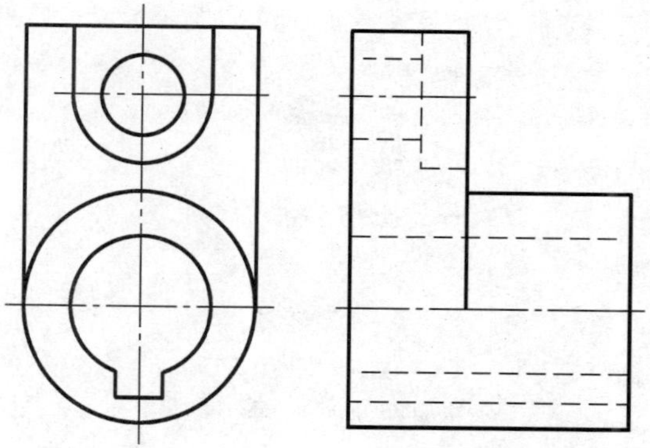

任务七　机件的常用表达方法

7.1　基本视图和其他视图

(1)画出右、后、仰视图。

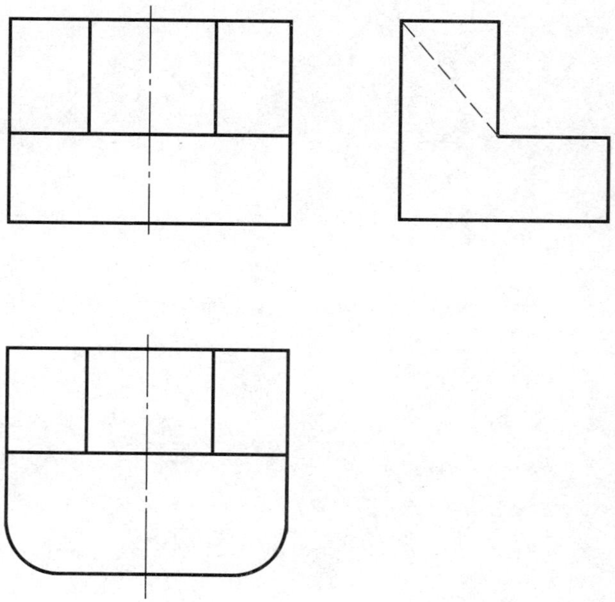

(2)画出 *A* 向斜视图。

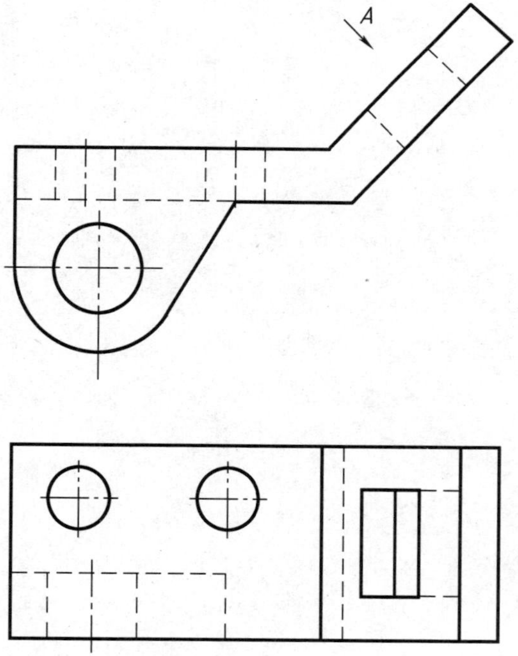

(3)画出 *A* 向局部视图。

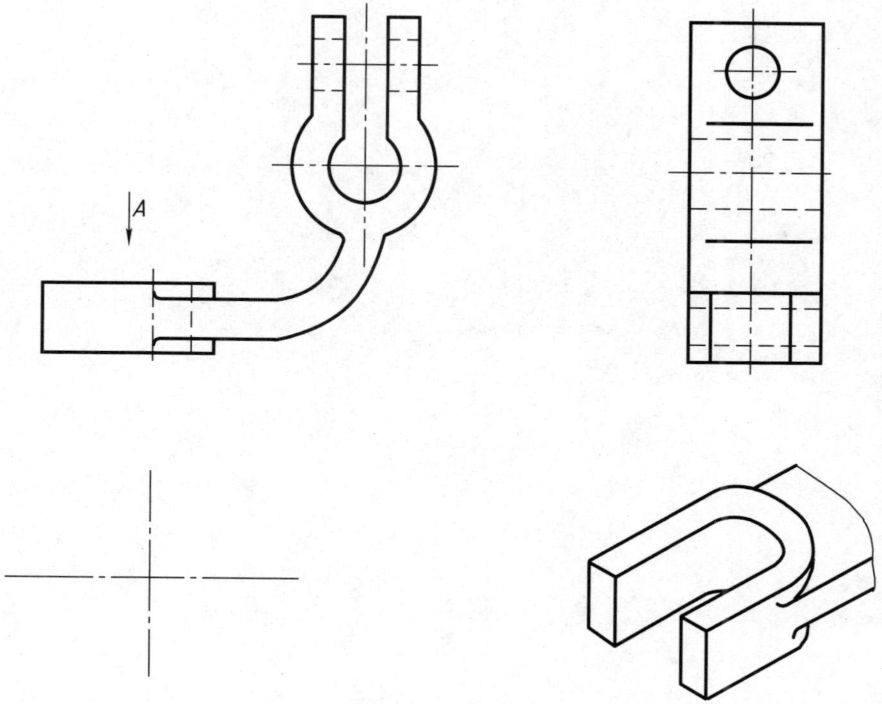

7.2 剖视图

(1)将主视图画成全剖视图。

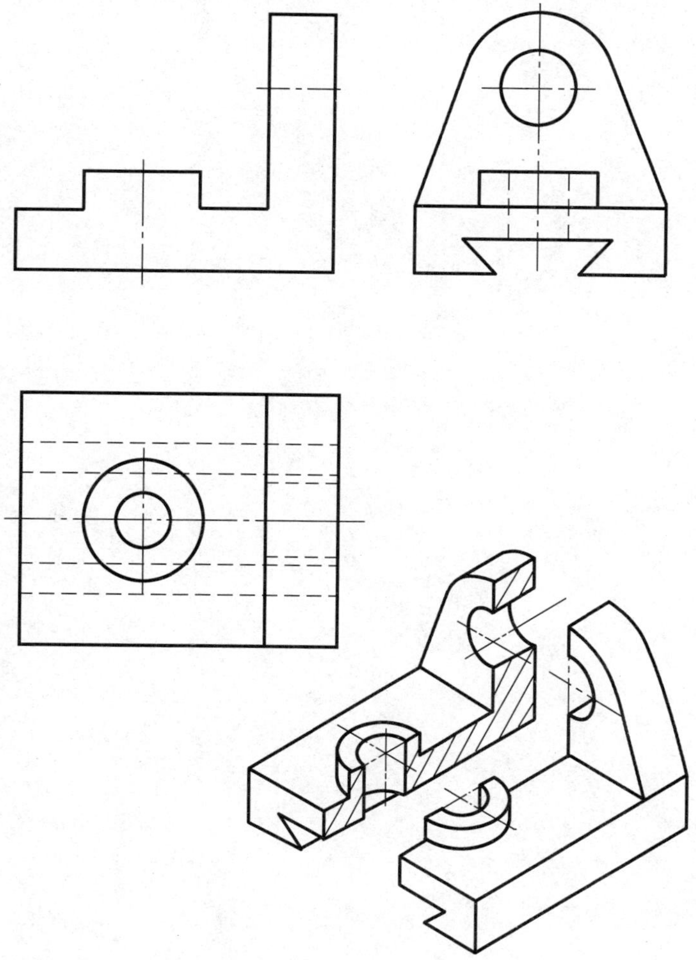

(2)将主视图画成全剖视图，左视图画成半剖视图。

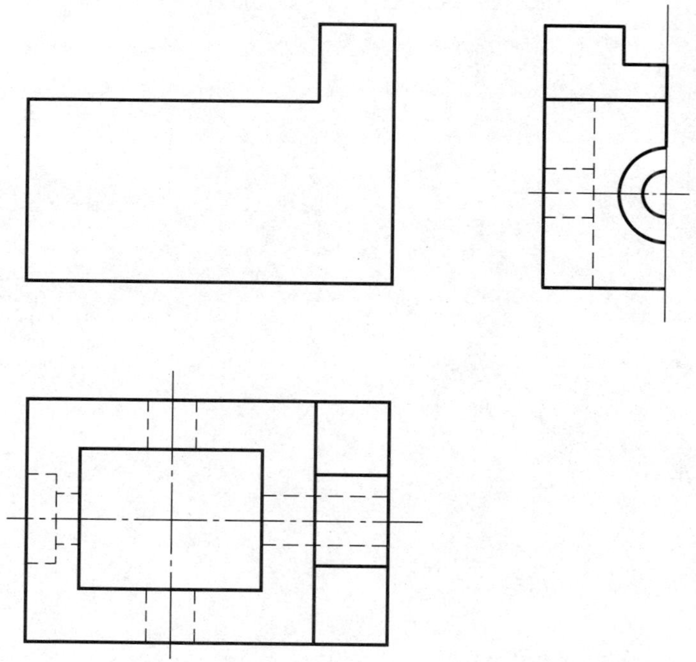

(3)补画剖视图中漏画的图线(包括剖面线)。

a.

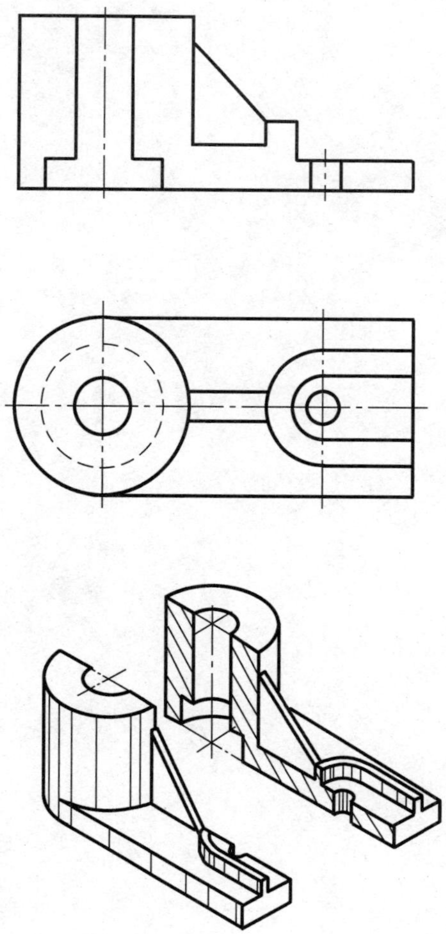

b.

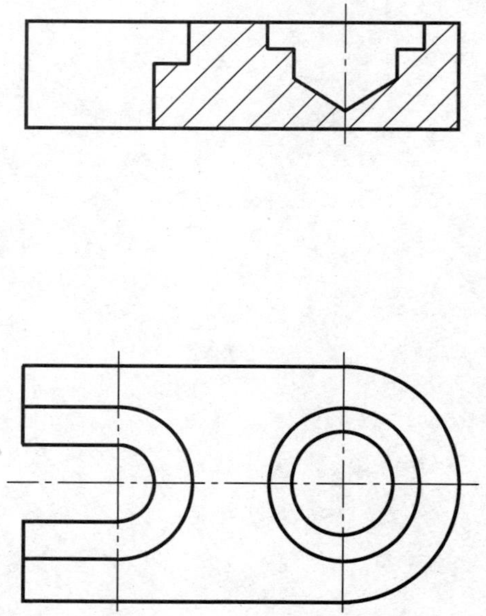

(4)将主视图改画成局部剖视图。

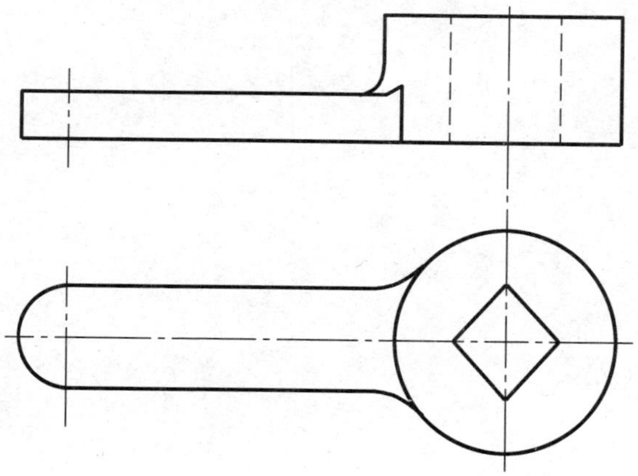

(5)将主、左视图改画成局部剖视图。

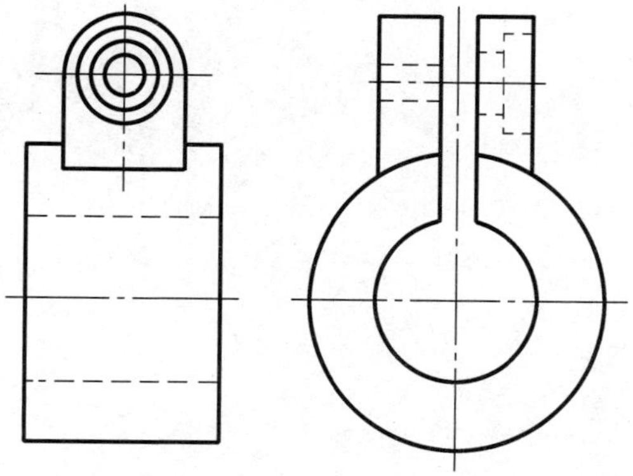

(6)在指定位置将主、俯视图改画成局部剖视图。

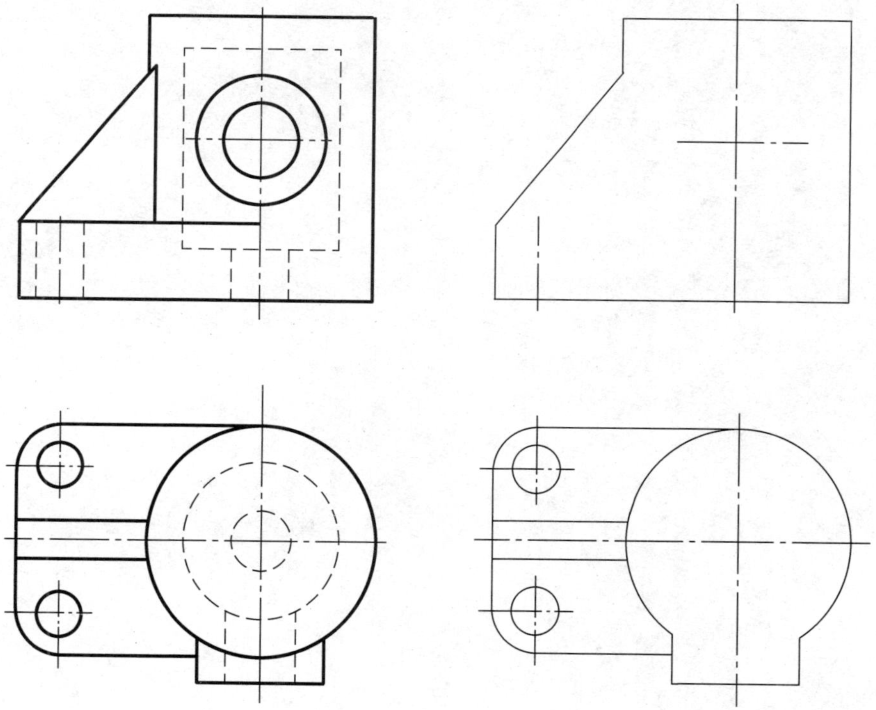

(7)用阶梯剖将主视图画成全剖视图。

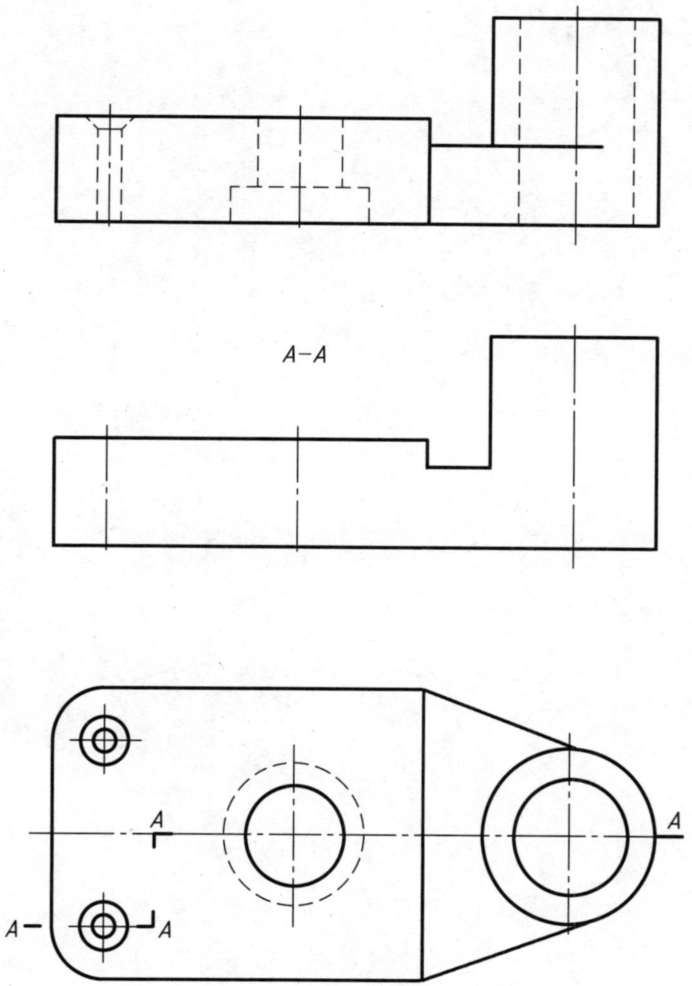

(8)用旋转剖将主视图画成全剖视图。

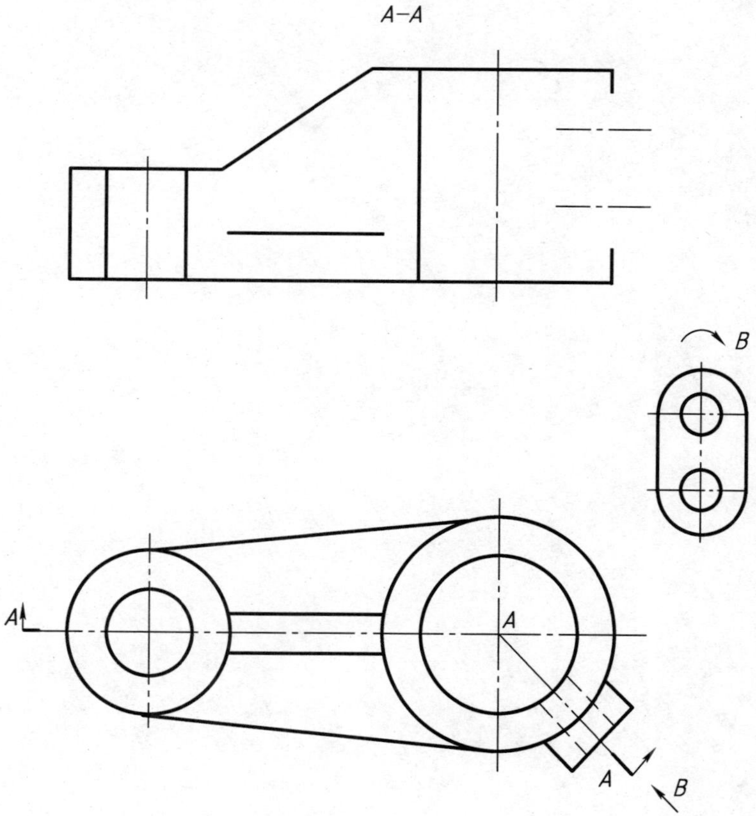

(9)用旋转剖将主视图画成全剖视图。

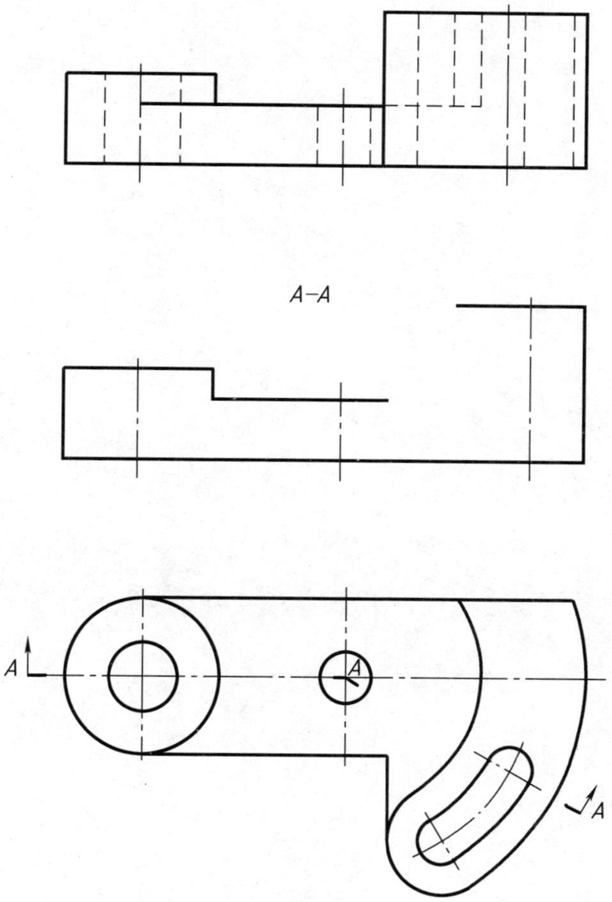

(10)用复合剖将主视图画成全剖视图。

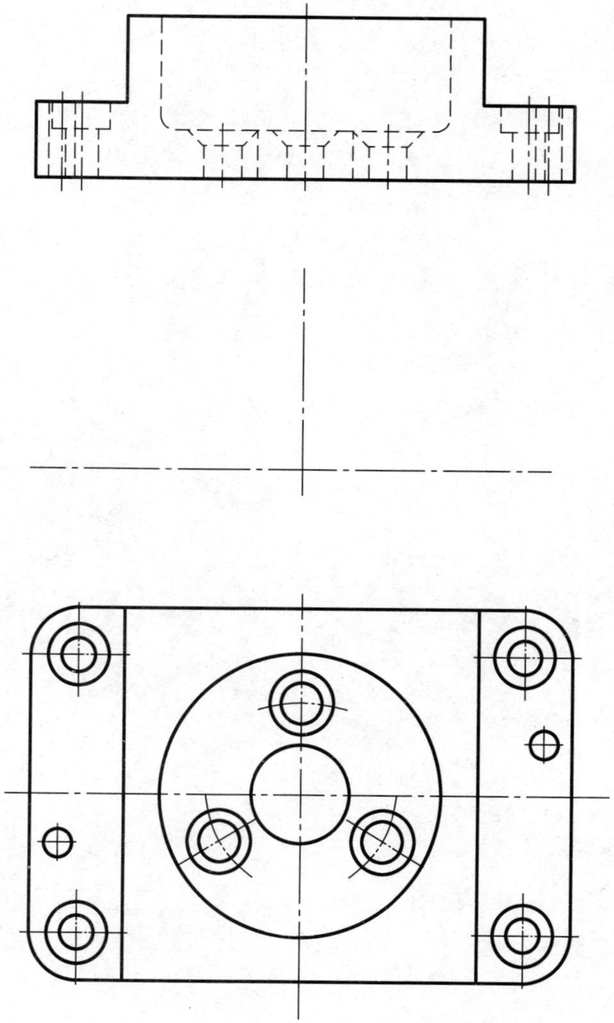

7.3 断面图

(1)在指定的位置作断面图,键槽深为4。

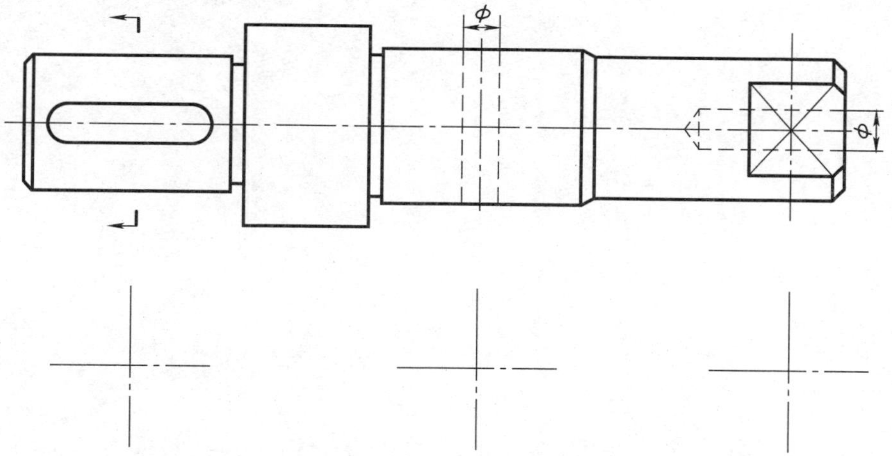

(3)在指定的位置作断面图。

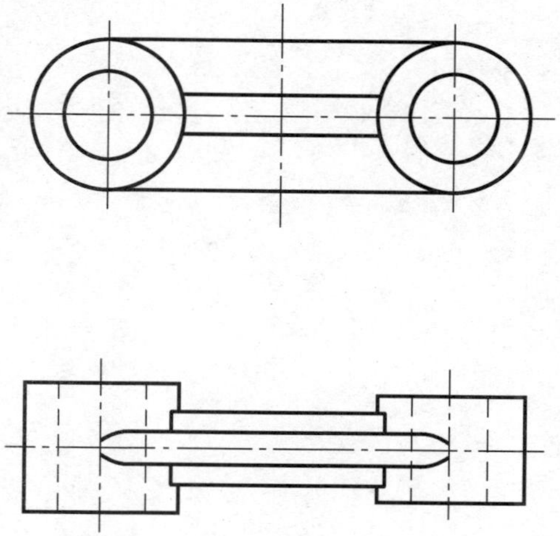

(2)在指定的位置作重合断面图。

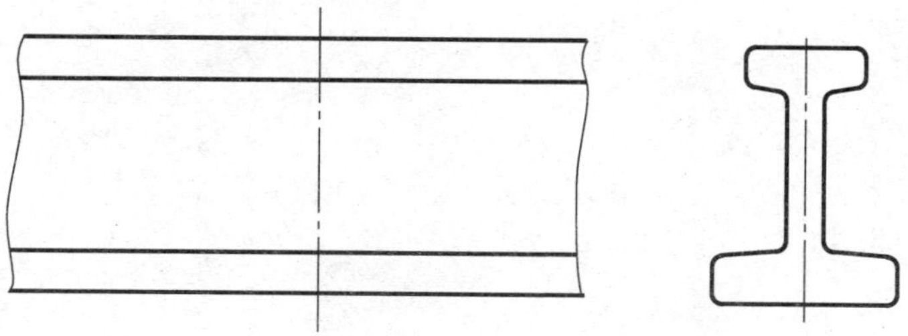

(4)在指定的位置作断面图。

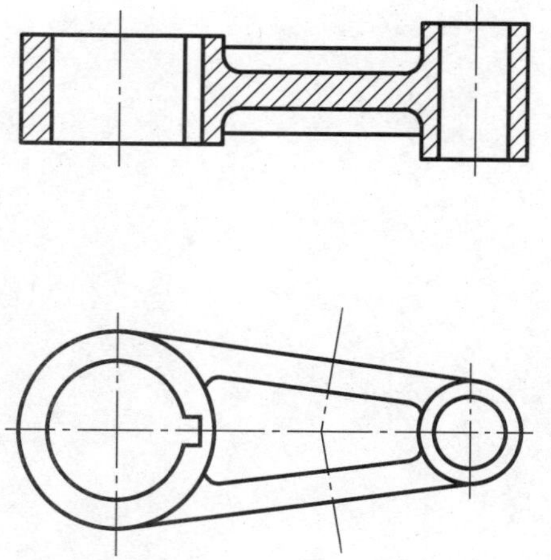

7.4 其他表达方法

(1)看懂图样表达,进行规范标注。

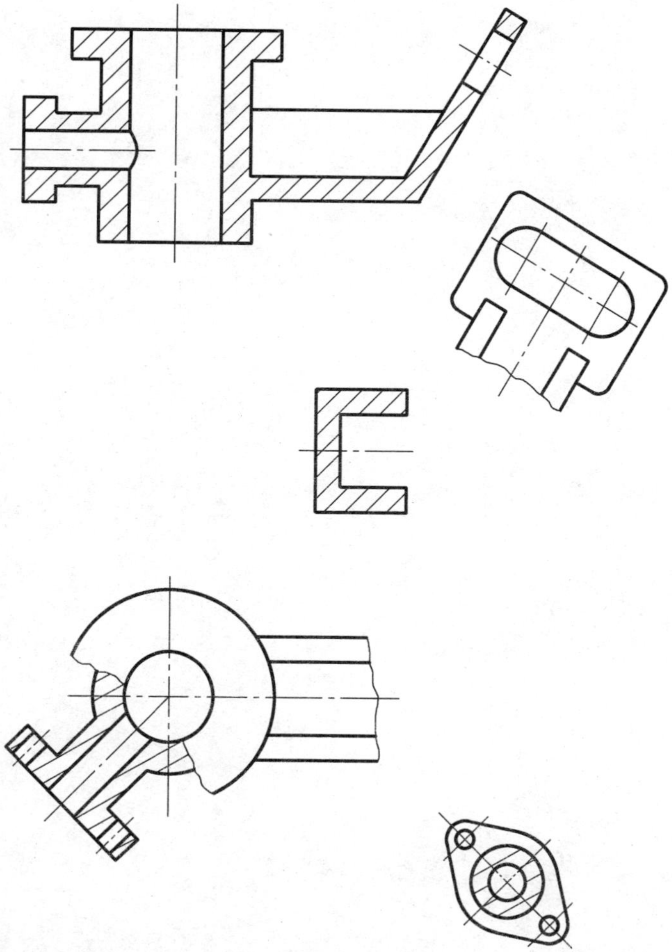

(2)按规定表达方法将主视图改画成全剖视图。

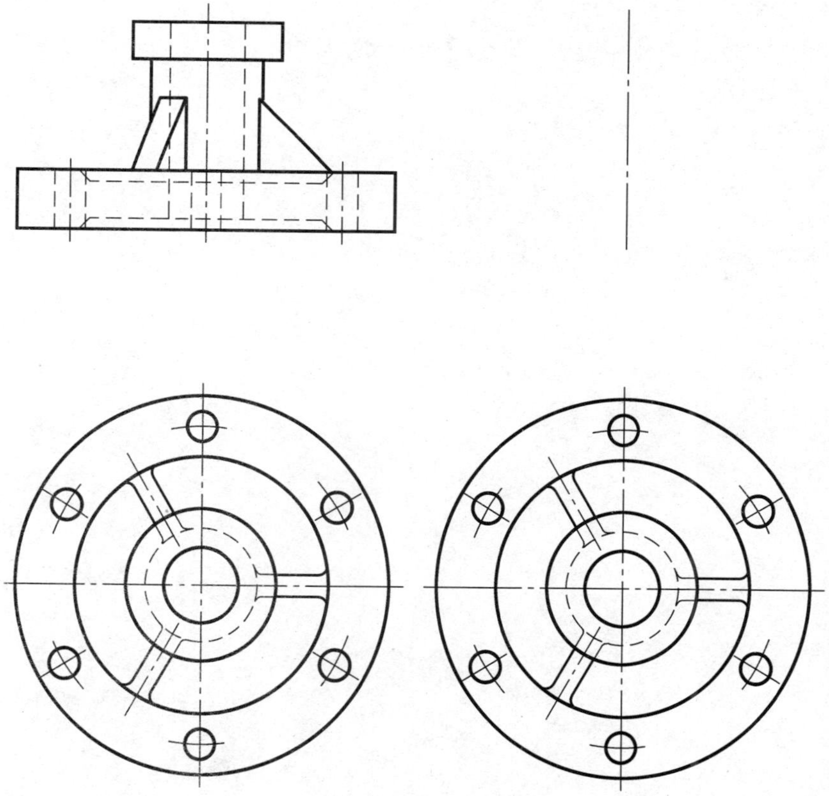

7.5 综合表达

看懂两视图表达的形体，选择适当的表达方案重新表达。

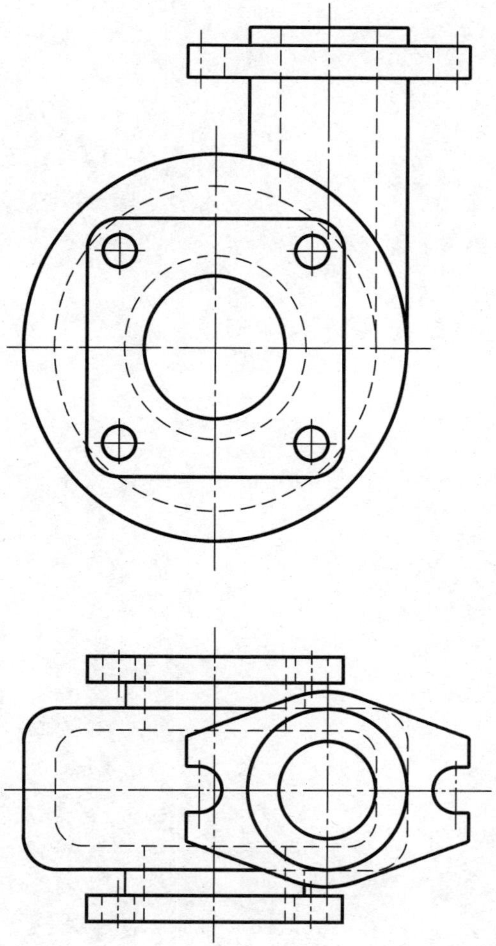

任务八　标准件和常用件

1. 选择题

(1)外螺纹的大径用(　　)符号表示。

A. D　　B. d　　C. D_1　　D. d_1

(2)管螺纹的代号是(　　)。

A. B　　B. Tr　　C. G　　D. M

(3)锯齿形螺纹的牙型代号为(　　)。

A. M　　B. R　　C. Tr　　D. S

(4)有一左旋梯形螺纹,其公称直径为 30,螺距为 6,导程为 12,其代号应为(　　)。

A. M 30 × 6　　B. Tr30×12(p6)LH

C. G½A　　D. Tr30×p6

(5)在螺纹的尺寸标注中,M36×2 表示的螺纹是(　　)。

A. 粗牙普通螺纹　　B. 细牙普通螺纹

C. 梯形螺纹　　D. 锯齿形螺纹

(6)正确的内外螺纹旋合画法是(　　)。

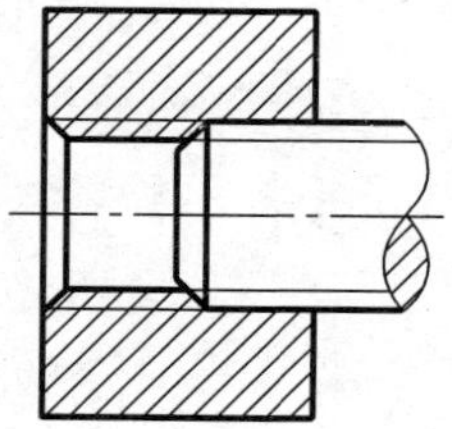

A

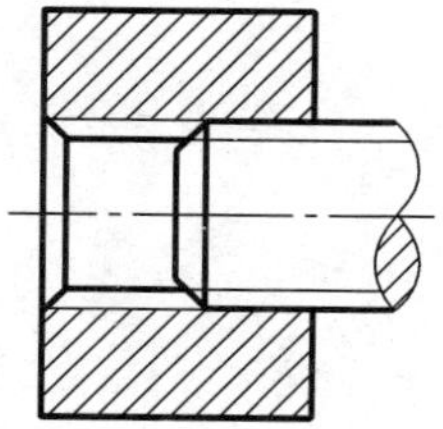

B

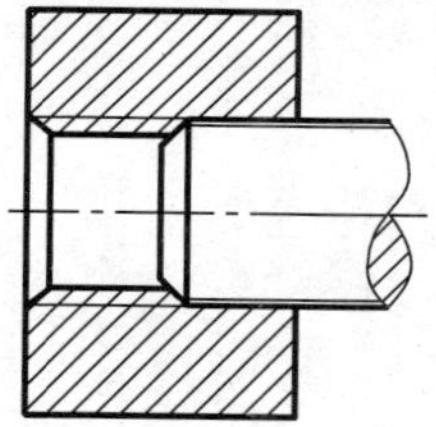

C

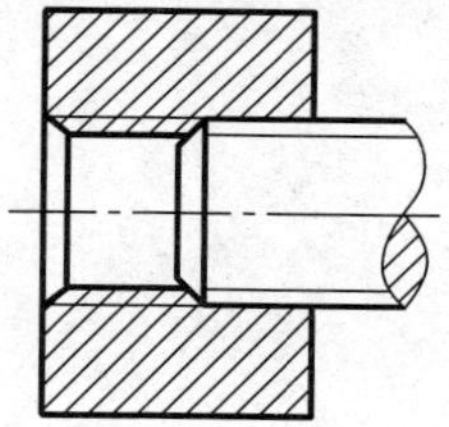

D

(7)已知直齿圆柱齿轮的模数 $m=2.5$ mm、齿数 $z=32$,则齿轮分度圆的直径为(　　)。

A. 60 mm　　B. 70 mm　　C. 80 mm　　D. 90 mm

(8)已知直齿圆柱齿轮的齿数 $z=55$,模数 $m=3$,则其齿顶圆直径是(　　)。

A. ϕ165　　B. ϕ171　　C. ϕ157.5　　D. ϕ137.5

(9)已知轴承的型号为 6305,则轴承的内径尺寸为(　　)。

A. 5 mm　　B. 25 mm　　C. 305 mm　　D. 6 305 mm

(10)代号为 6206 的滚动轴承,表示轴承内圈直径为(　　)mm 的深沟球轴承。

A. 30　　B. 40　　C. 8　　D. 80

2. 螺纹标注

(1)普通细牙螺纹，大径为 20 mm，螺距为 1.5 mm，右旋，螺纹公差带代号为 5g6g。

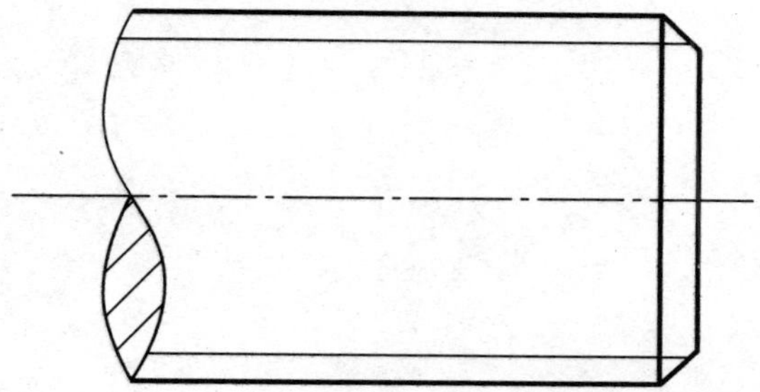

(2)普通粗牙螺纹，大径为 16 mm，精度等级为 6H。

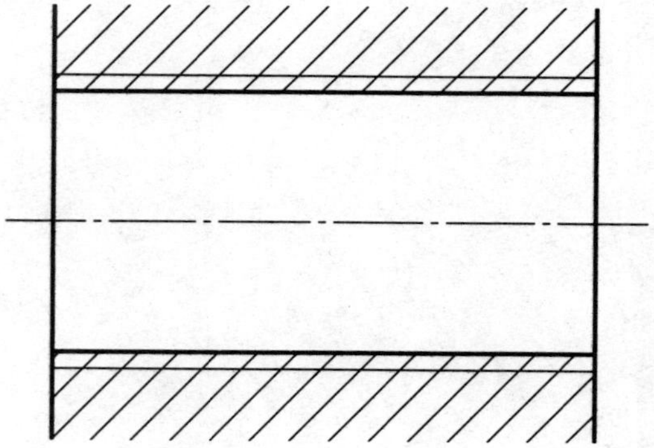

(3)梯形螺纹，大径为 20 mm，螺距为 4 mm，双线左旋，螺纹公差带代号为 7e。

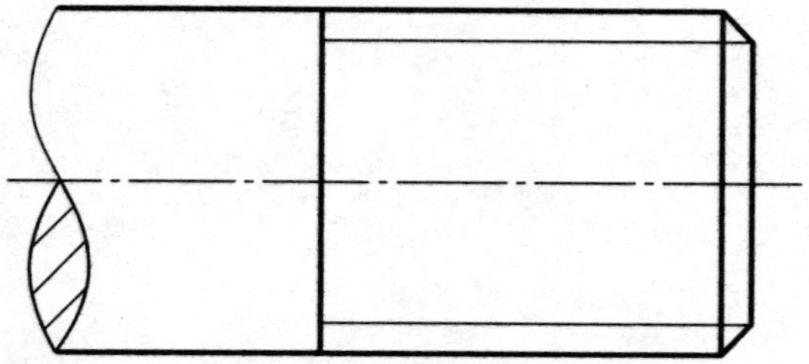

(4)非螺纹密封管螺纹，管径 3/4 英寸，B 级。

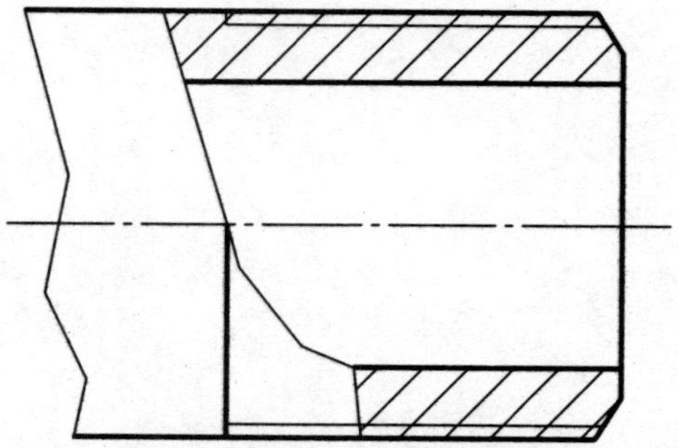

3. 螺纹连接改错

(1)指出下列螺纹连接画法中的错误，并将正确的连接画法画在指定位置。

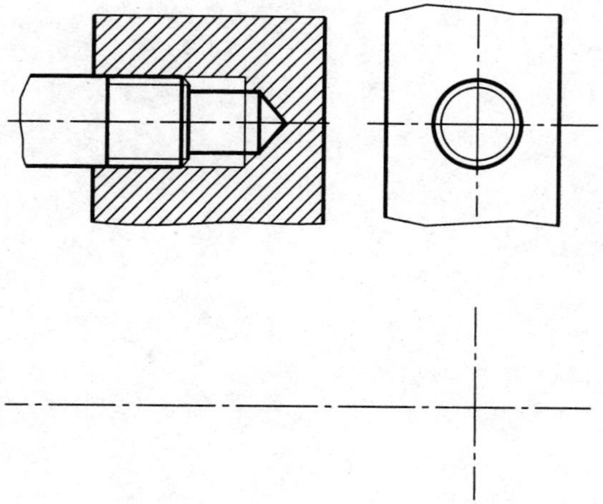

(2)改正双头螺柱连接中的错误画法。

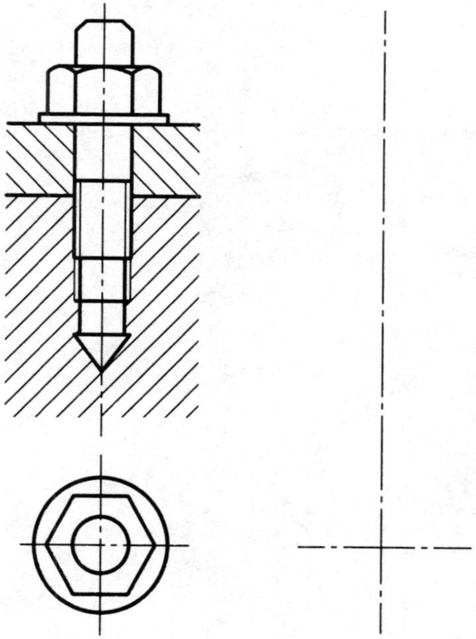

(3)分析螺钉连接画法中的错误，在指定位置补画出正确的连接图。

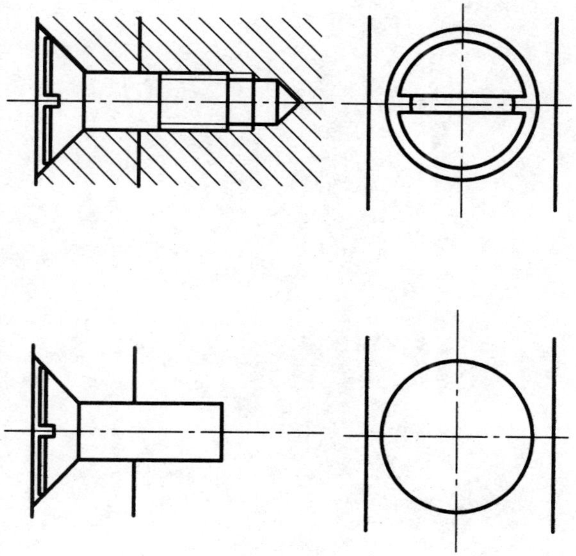

4. 补全螺纹连接图中的图线

(1)补全螺栓连接图中所缺的图线。

a.

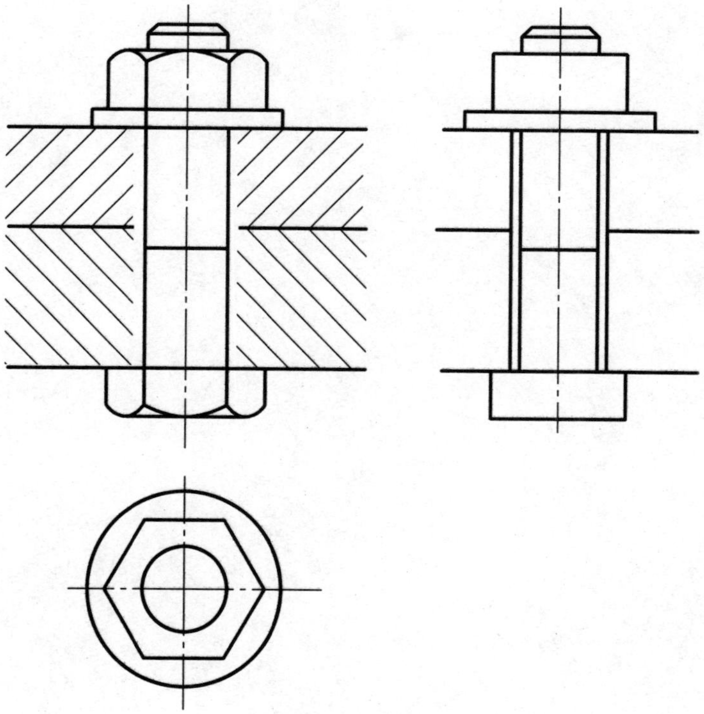

b.

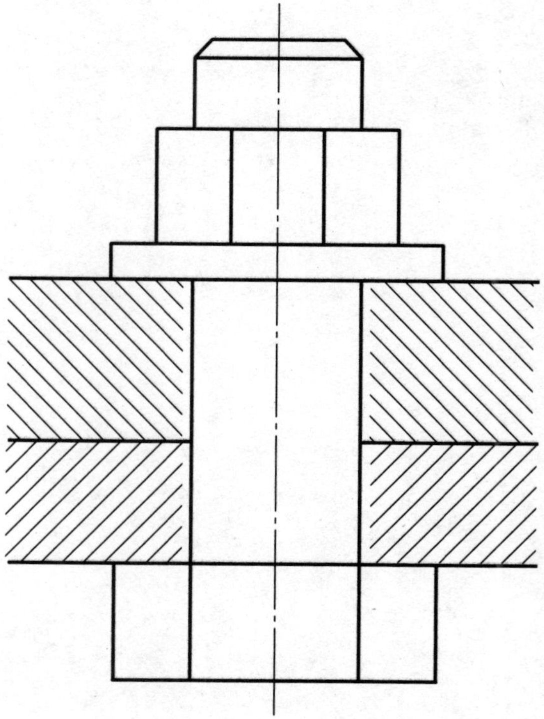

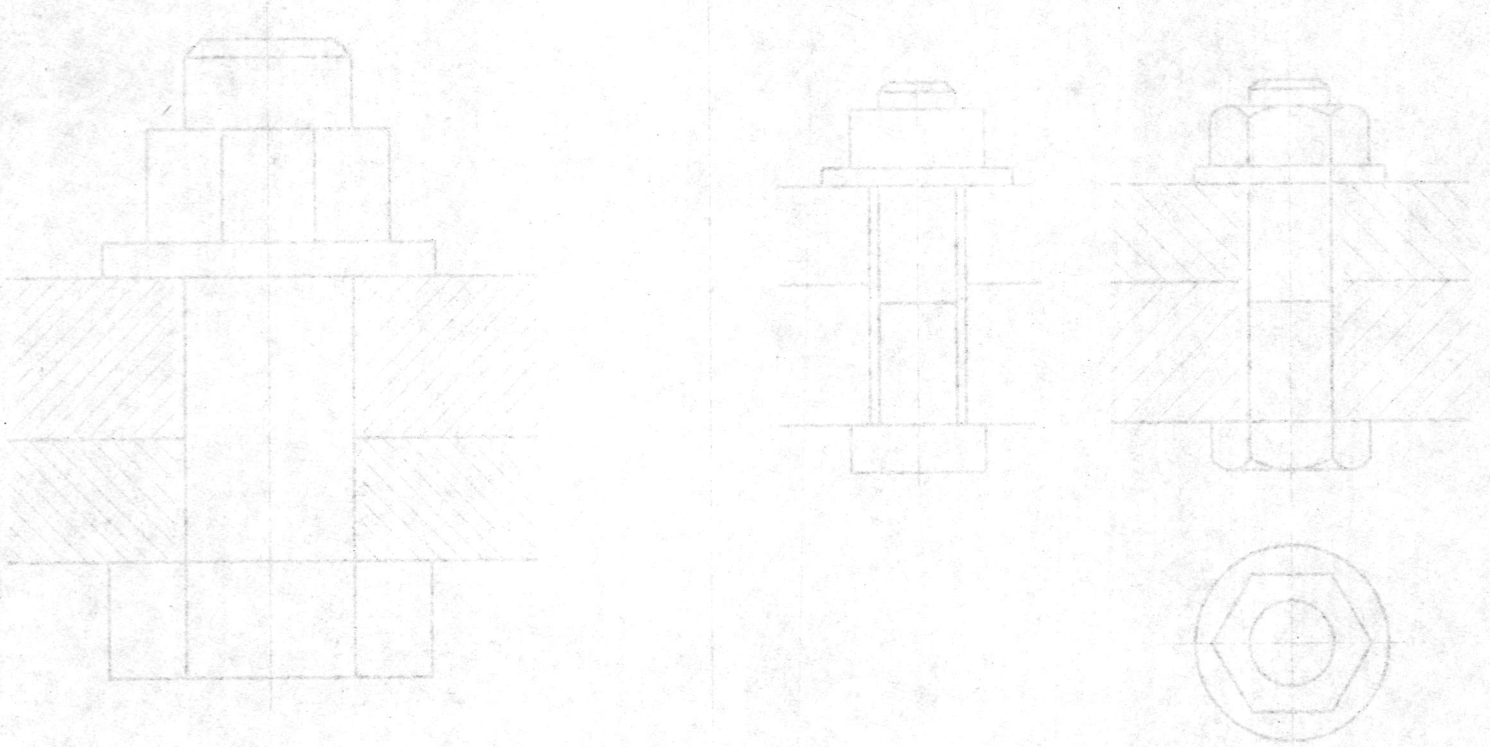

(2)补全沉头螺钉连接装配图中所缺的图线。

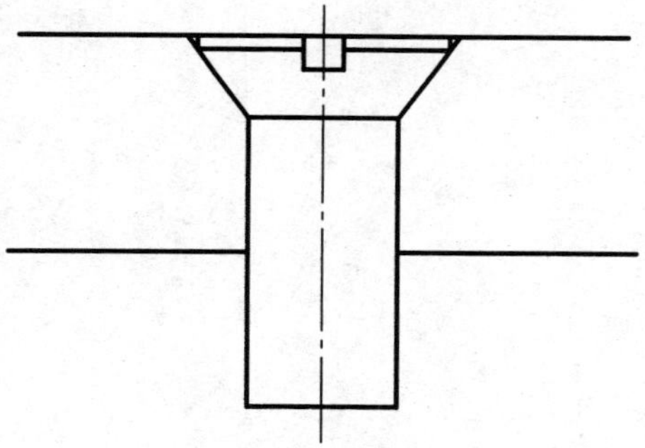

(3)补全双头螺柱连接装配图中所缺的图线。

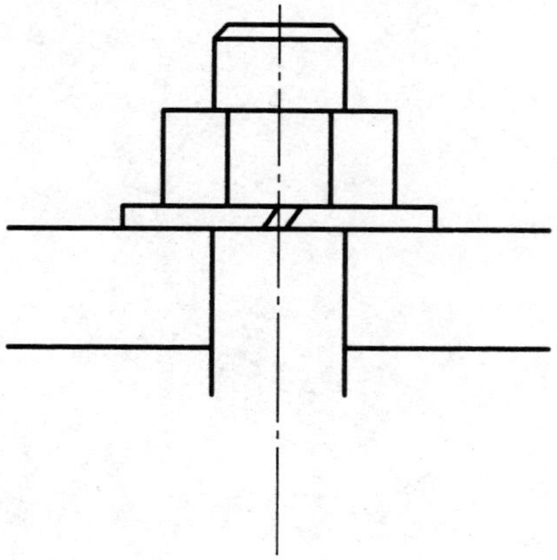

(4)补全螺钉连接装配图中所缺的图线。

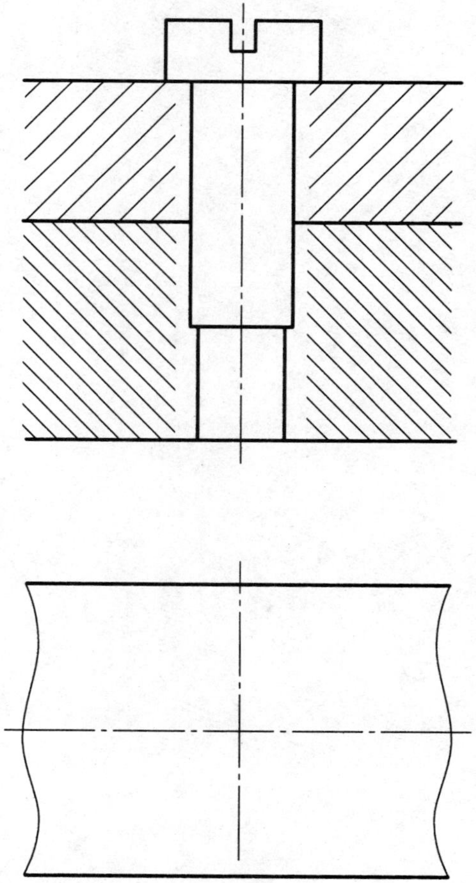

5. 用 M16×40 开槽圆柱头螺钉将件 1 与件 2 连接起来，试完成主、左视图，左视图不剖

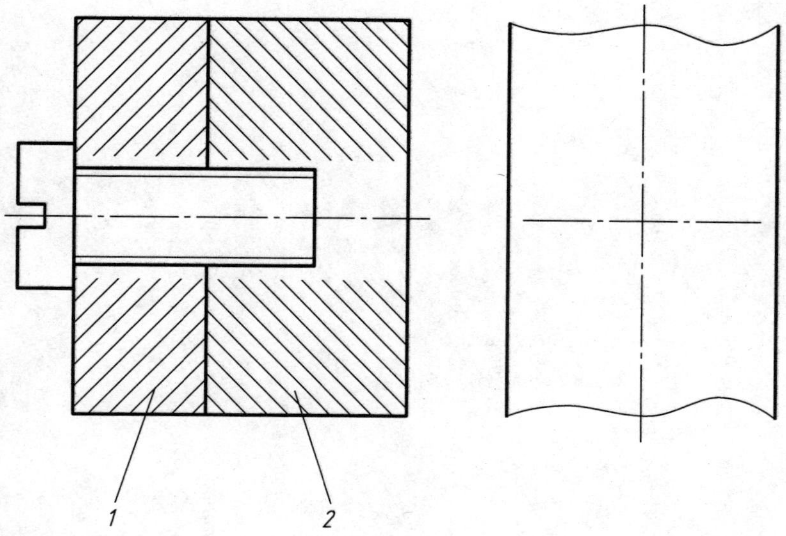

6. 用螺钉将件 1 与件 2 连接起来，试补全主、左两视图中所缺的图线

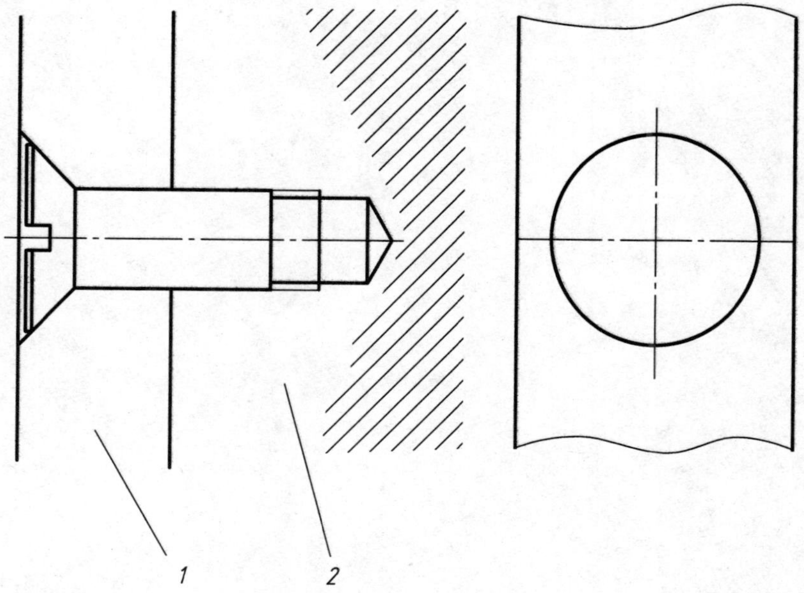

7. 已知两平板齿轮啮合，$m_1=m_2=4$ mm，$z_1=20$，$z_2=35$，分别计算其齿顶圆、分度圆、齿根圆的直径，并画出其啮合图(比例 1∶2)

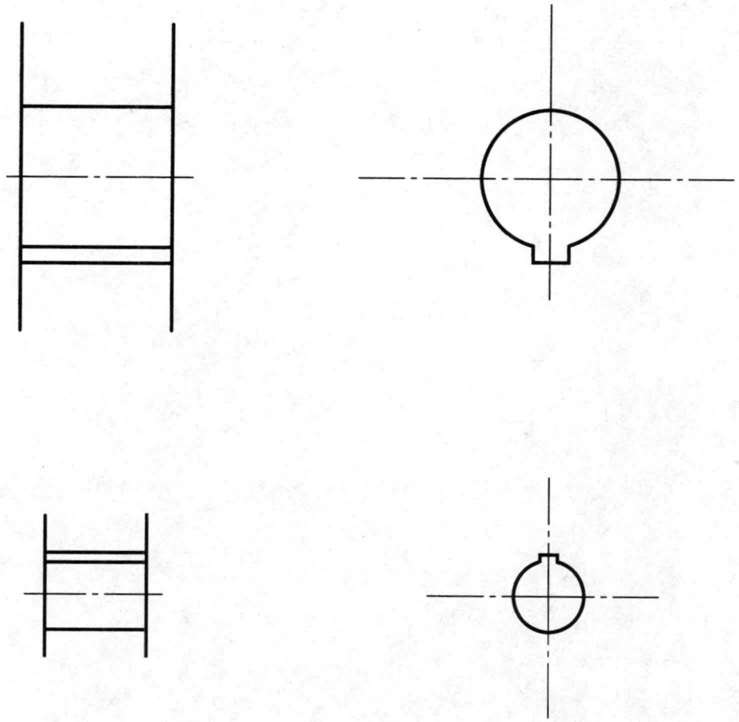

8. 画出齿轮的两个视图，已知 $m=3$ mm，$z=20$，并写出主要计算式

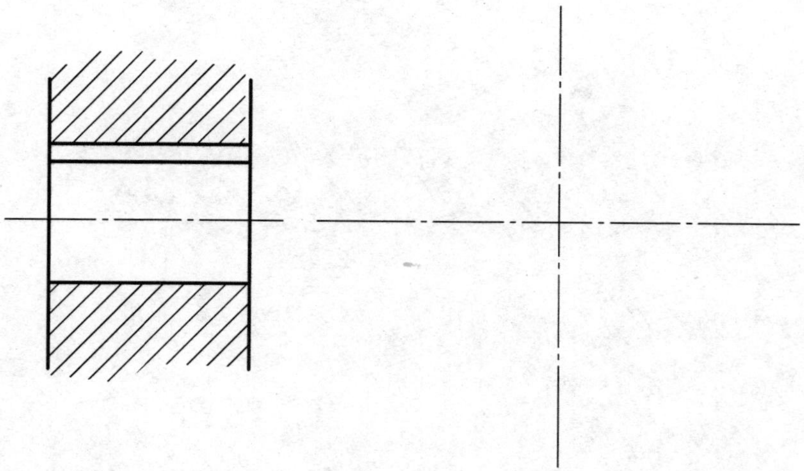

9. 解释轴承 304 的含义，并在图中画出其与孔和轴的装配结构

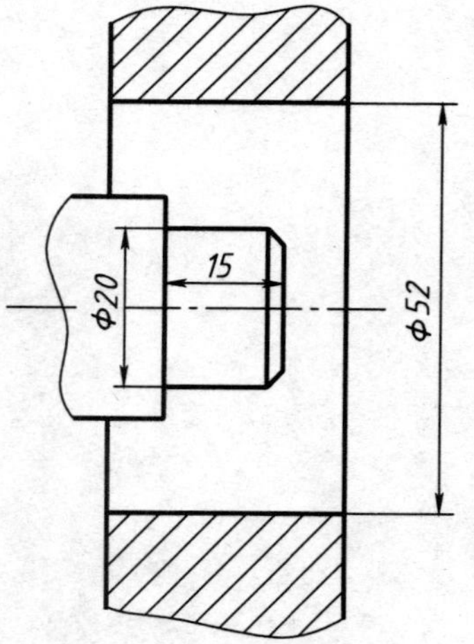

任务九　识读零件图

9.1　零件的表达方法

(1)参照轴测图,将机件的形状表达清楚。

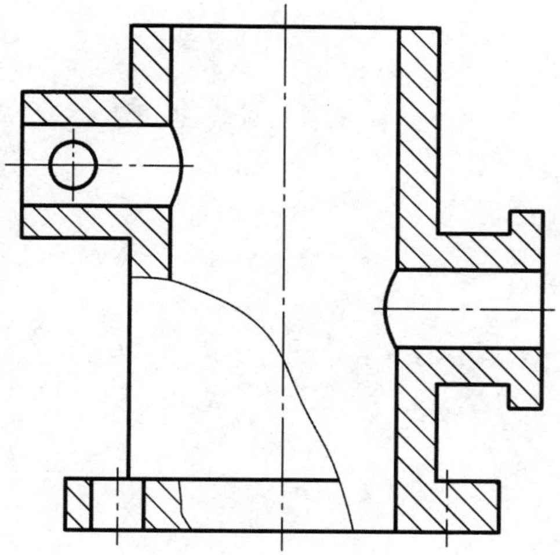

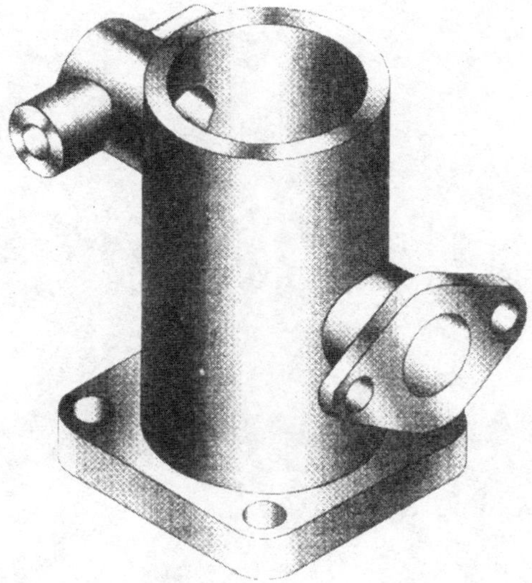

(2)根据拨叉轴测图,选择合适的表达方案,绘制其零件图。

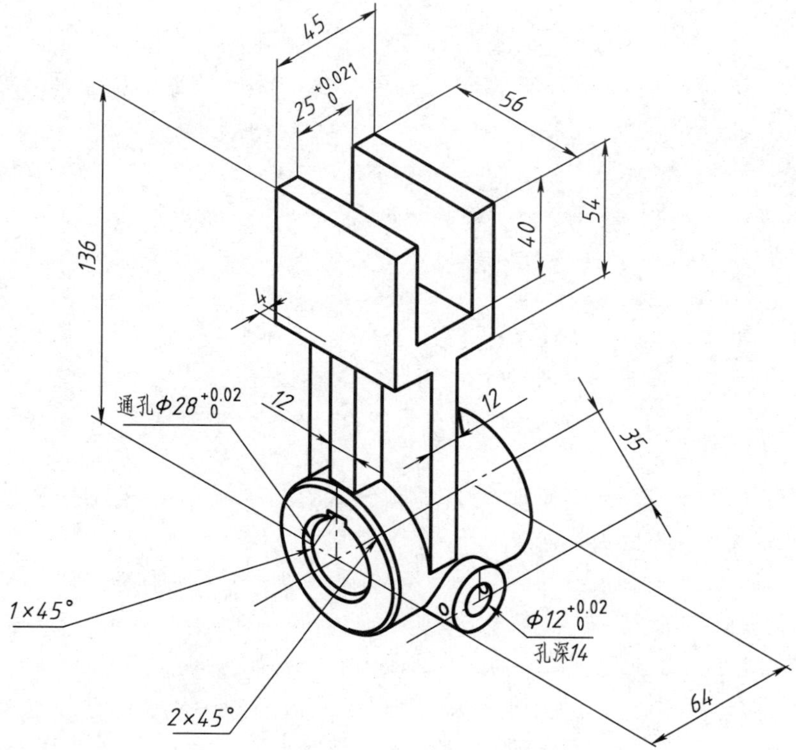

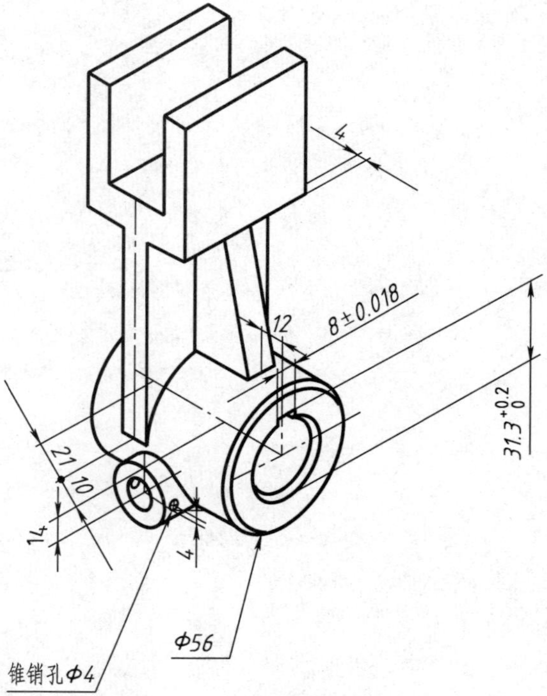

(3)根据轴测图，选择合适的表达方案，绘制其零件图。

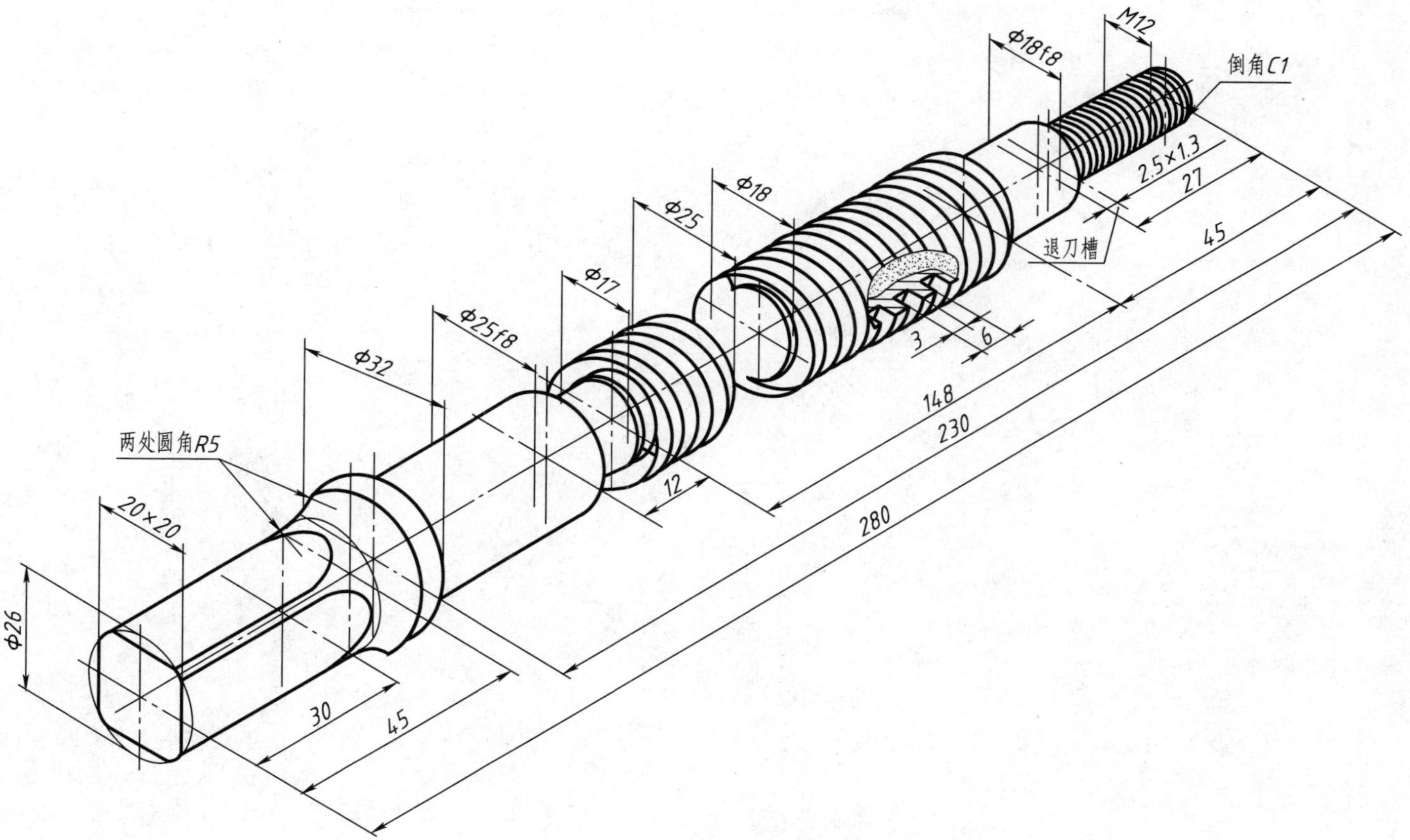

(4)根据脚踏座的三视图，考虑一组较好的表达方案，可保留必要的视图，删去不必要的视图，补充必要的局部视图。

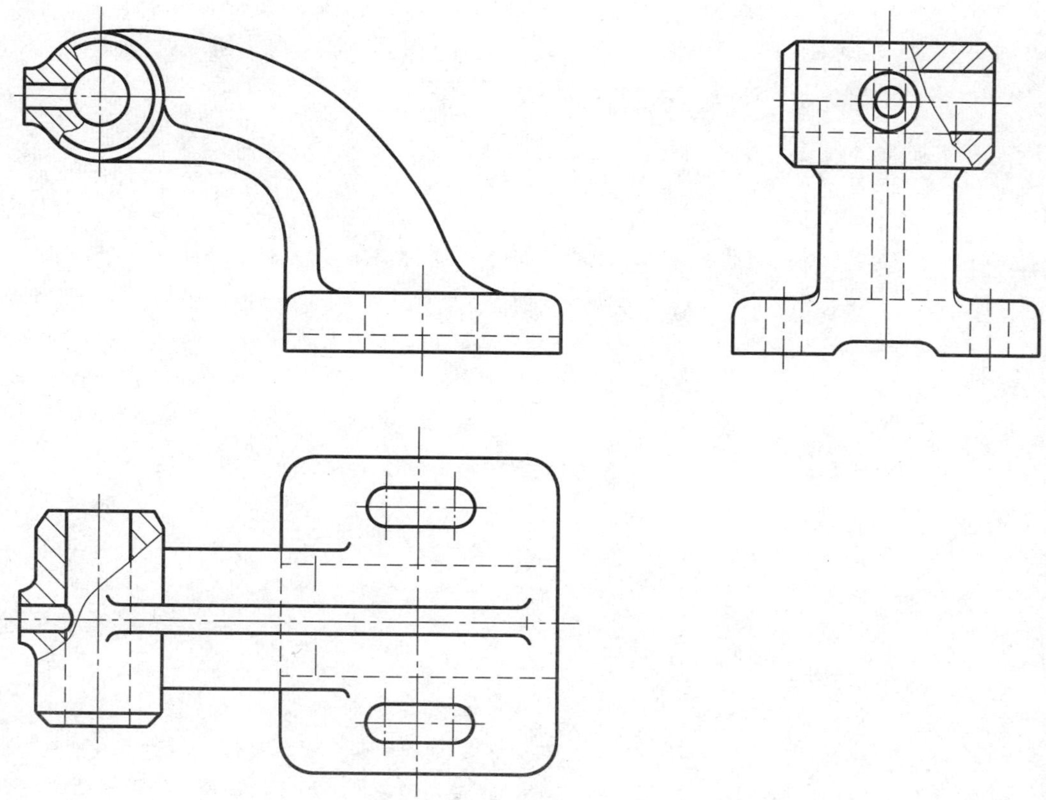

9.2 零件图的尺寸标注

(1)标注零件长、宽、高三个方向的主要基准和辅助基准,用▼标出。

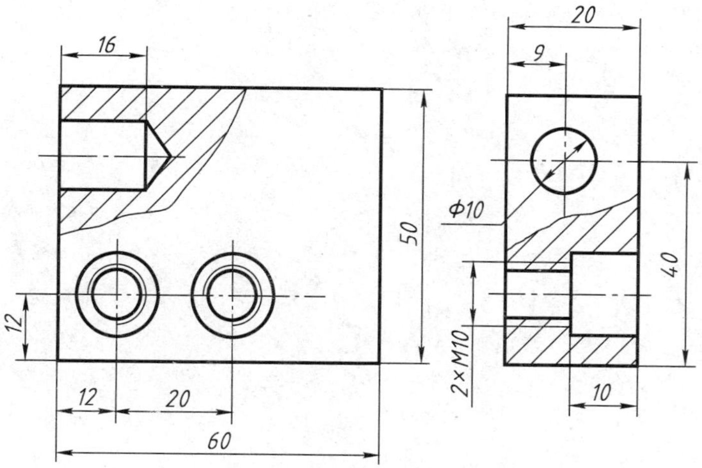

(2)指出尺寸标注中的错误,并作正确标注。

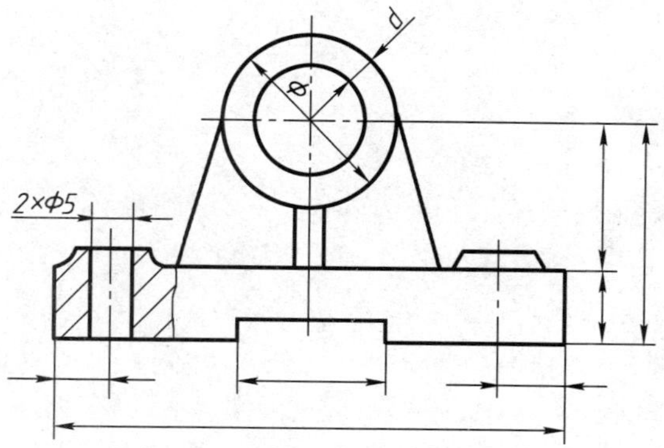

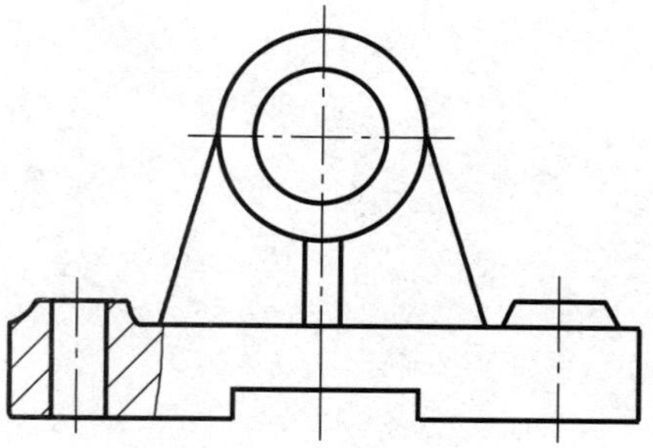

(3)根据图中给定的轴向基准，标注零件的轴向尺寸和倒角、键槽、退刀槽的尺寸，补画断面图(所有尺寸按 1∶1 量取整数)。

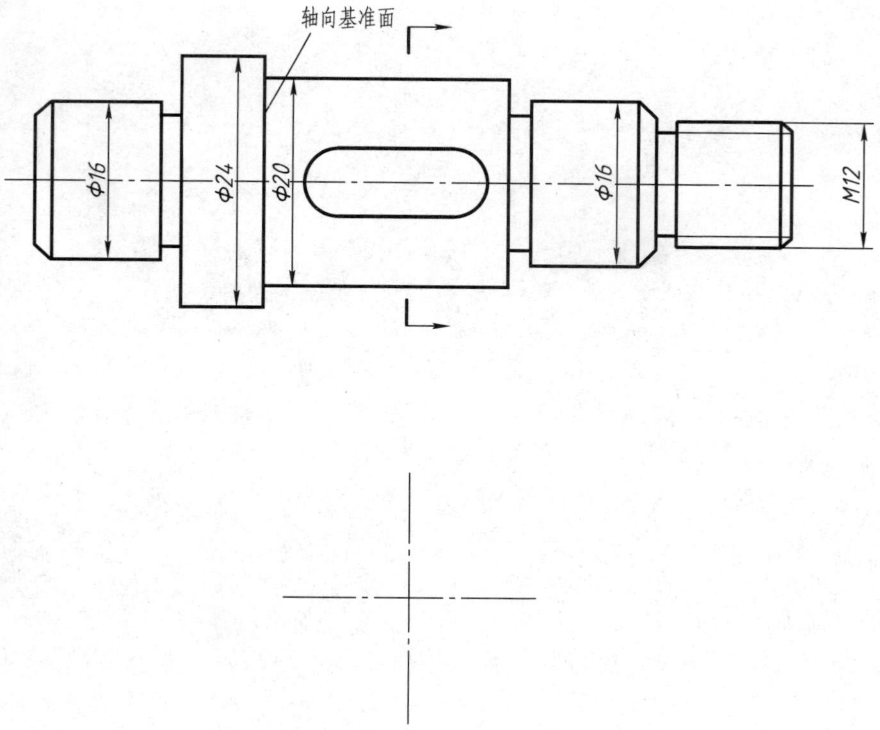

(4)指出零件在长、宽、高三个方向的主要基准，用▼标出，补全所有定位尺寸，并绘制 $B-B$ 断面图(所有尺寸按 1∶2 量取整数)。

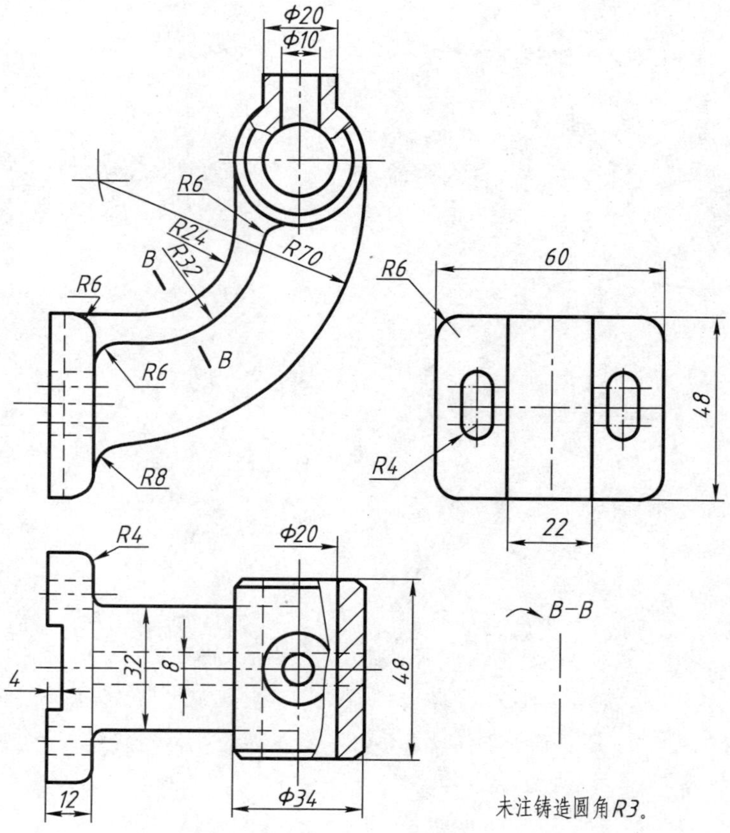

9.3　零件图上的技术要求

(1)指出在图中表面要求标注的错误,并在右图中作出正确完整的标注。

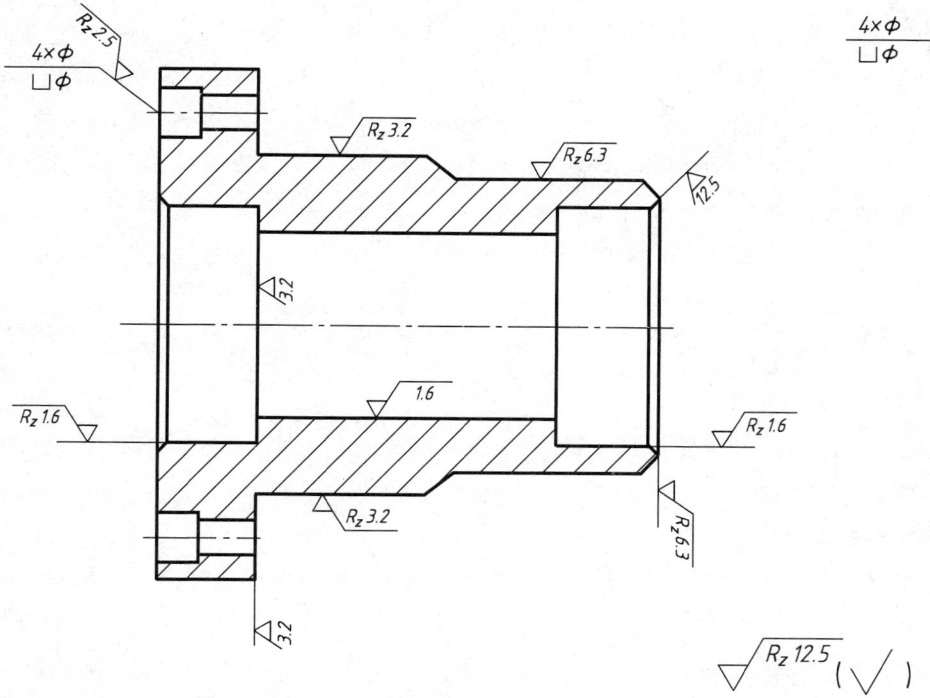

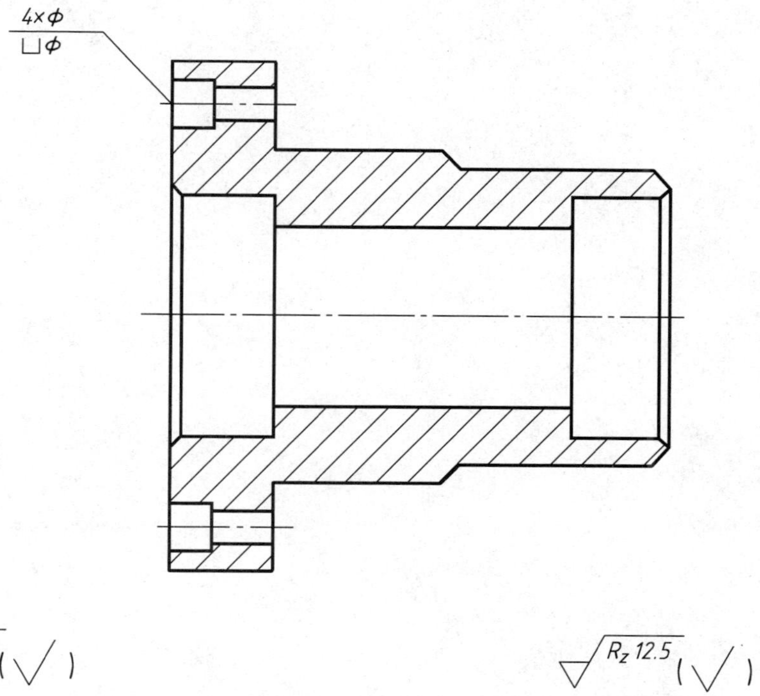

(2)某组件中零件间的配合尺寸如图所示。

①说明配合尺寸$\phi26\ \frac{H7}{n6}$的含义。

$\phi26$ 表示________________；

n 表示________________；

6、7 表示________________；

此配合属________制配合；

此配合是间隙配合、过盈配合还是过渡配合。

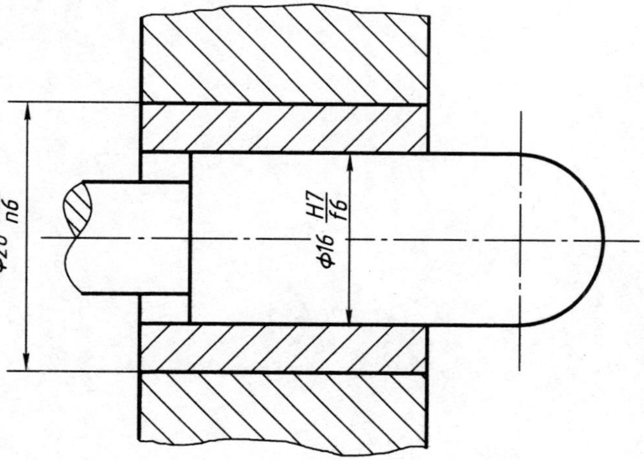

②根据左侧装配图中的配合尺寸，分别在相应的零件图上标注出其基本尺寸和偏差数值。

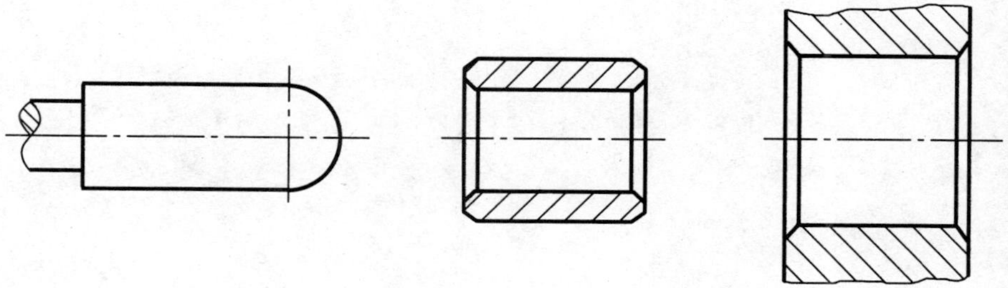

③算出配合尺寸$\phi16\ \frac{H7}{f6}$的最大、最小极限尺寸。

孔：

最大极限尺寸__________；

最小极限尺寸__________。

轴：

最大极限尺寸__________；

最小极限尺寸__________。

(3)已知轴和孔的基本尺寸为ϕ32,采用基轴制配合,轴的公差等级为 IT7,孔的基本偏差代号为 G,公差等级为 IT8。

①在相应的零件图上注出基本尺寸、公差带和偏差数值。

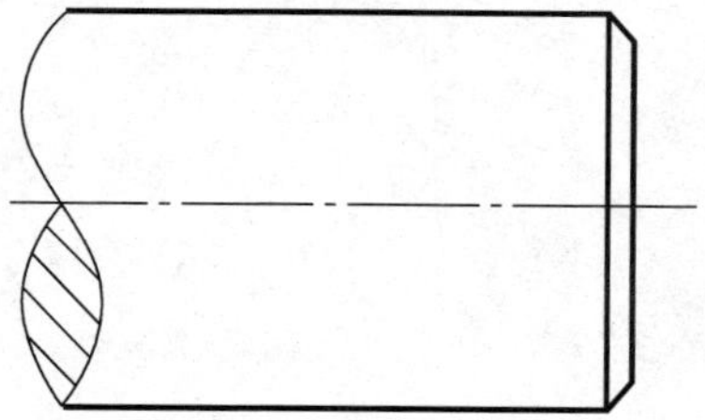

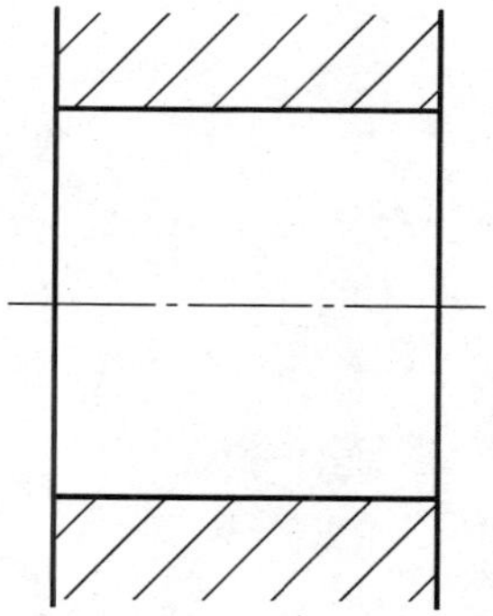

②在装配图中注出基本尺寸和表示配合的分数。

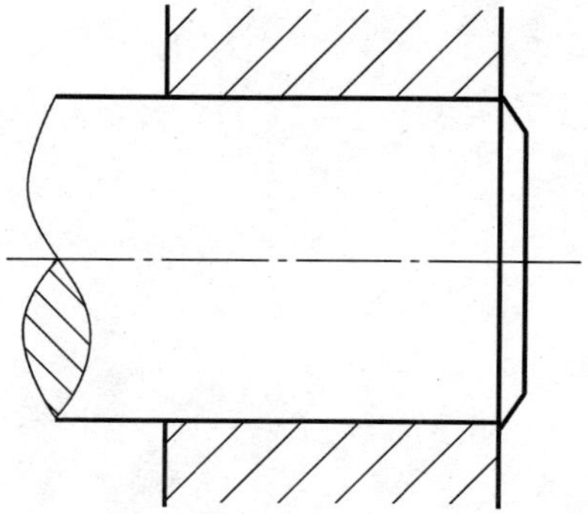

③画出孔和轴的公差带图,并说明此配合是间隙配合、过盈配合还是过渡配合。

(4)根据装配图尺寸，写出配合代号、基准制、基本偏差和公差等级代号，并在零件图上标注相应的尺寸和偏差数值。

①尺寸$\phi 14\ \frac{G7}{h6}$，属于基__________制，__________配合；基本偏差和公差等级代号，孔__________，轴__________。

②尺寸$\phi 5\ \frac{H7}{n6}$，属于基__________制，__________配合；基本偏差和公差等级代号，孔__________，轴__________。

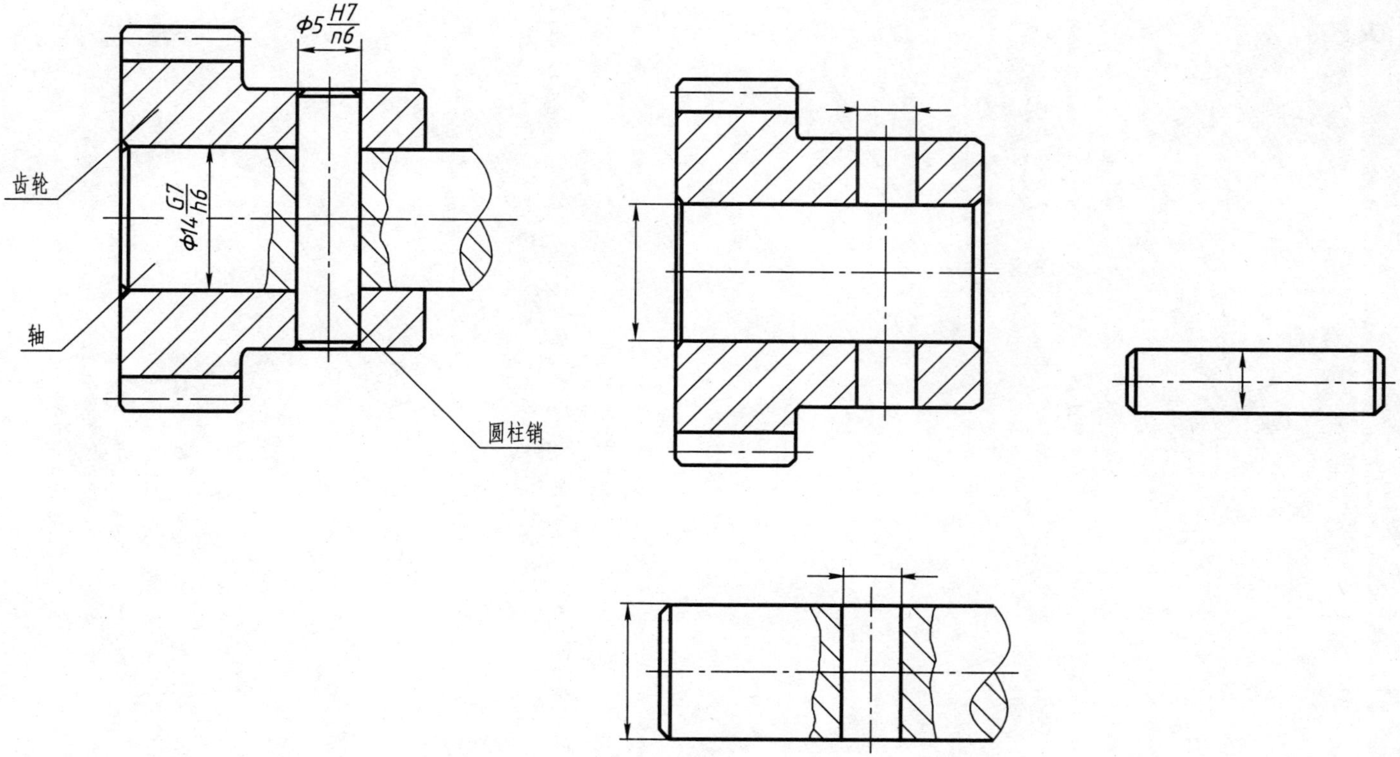

9.3 读零件图

(1)读懂套筒零件图,在指定位置画出 B 向视图和移出端面图,并回答问题。

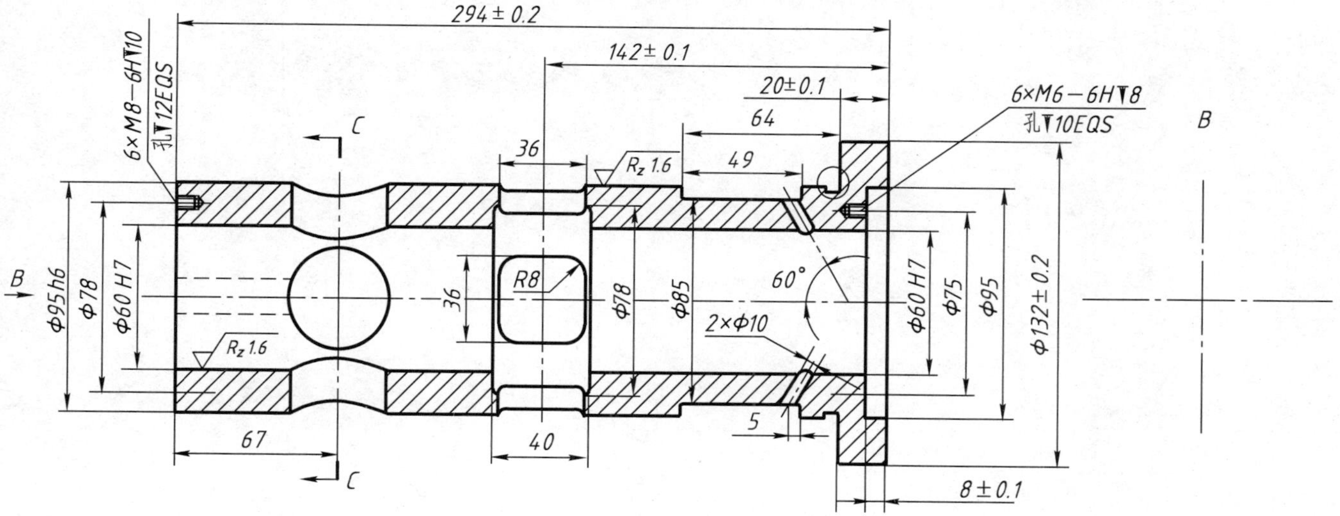

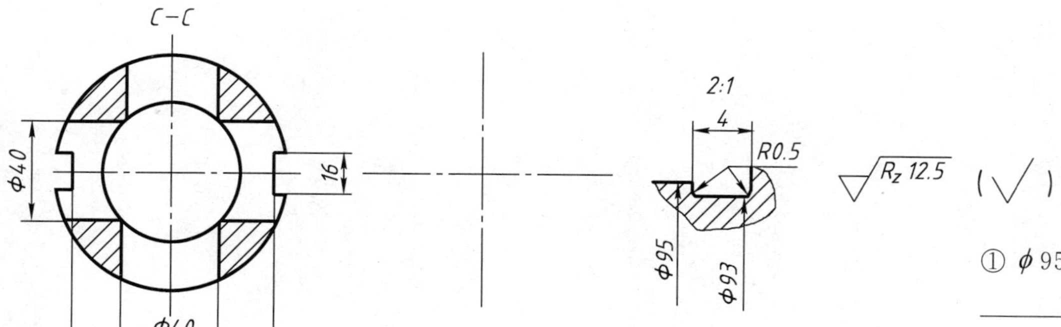

技术要求

1. 锐边倒钝,未注倒角 C2。
2. 全部螺孔均有倒角 C1。

① ϕ95h6 表示的上偏差 ________,下偏差 ________,其尺寸公差是 ________________。

②6×M8-6H 的定位尺寸是 ________________。

套筒			比例		(图号)	
			件数			
制图			重量		材料	
校对						
审核						

(2)读懂十字接头零件图，并回答问题。

①主视图是______剖视图，
  左视图是______剖视图。

②作出 A－A 断面图。

③作零件图右视图。

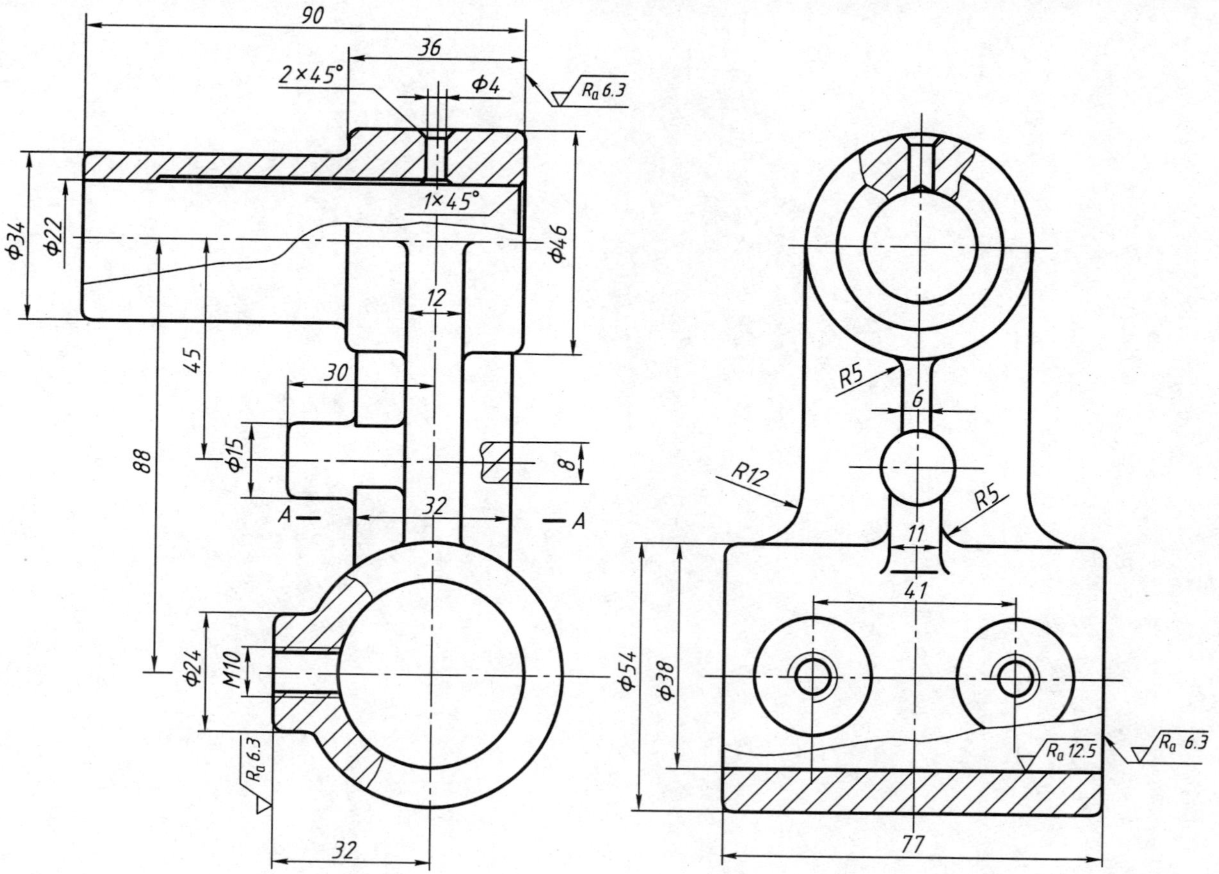

技术要求

未注铸造圆角R2。

(√)

十字接头			比例	1:1	(图号)
			数量	1	
制图			材料	HT150	
校对			(单位)		
审核					

(3)读懂法兰零件图,回答下列问题。

①主视图是__________剖视。

②$\phi20$ 孔的定位尺寸是________。

③标出此零件长、宽和高三个方向的尺寸基准。

④标有 A 的部分,图形不画剖面线的原因是什么?

⑤作零件图的右视图。

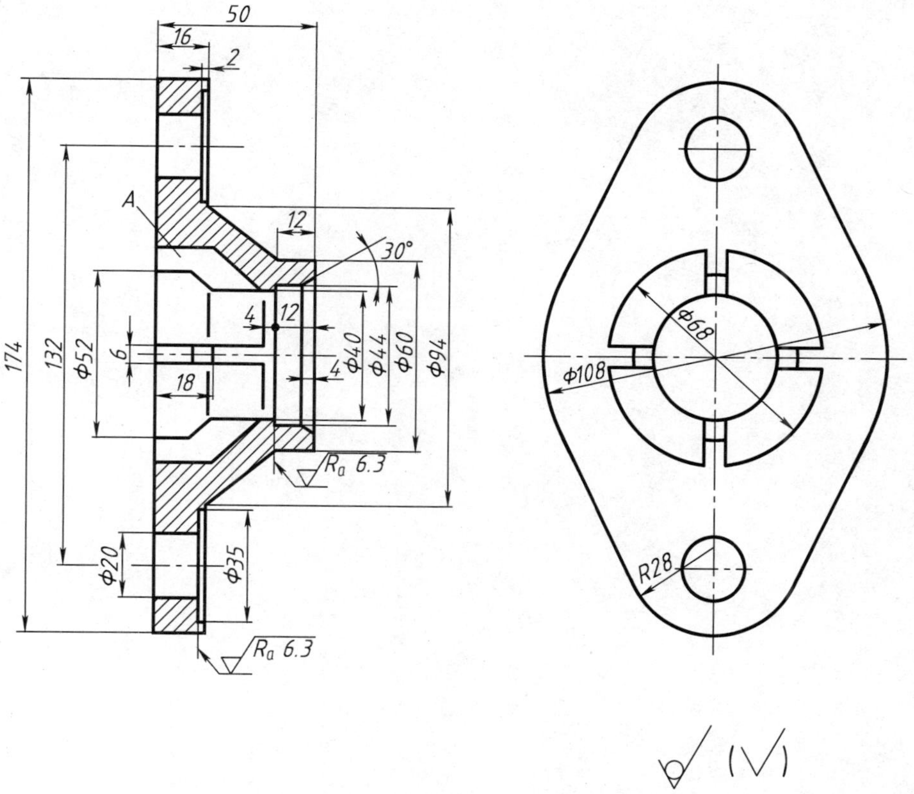

法兰			比例	1:1	(图号)
			数量	1	
制图			材料	HT150	
校对			(单位)		
审核					

（4）读轴承盖零件图，回答下列问题。

①ϕ70d11 写成上、下偏差的注法为：

________________。

②在指定位置画出 B－B 剖视图（采用对称图形的局部视图画法，画出前方的一半）。

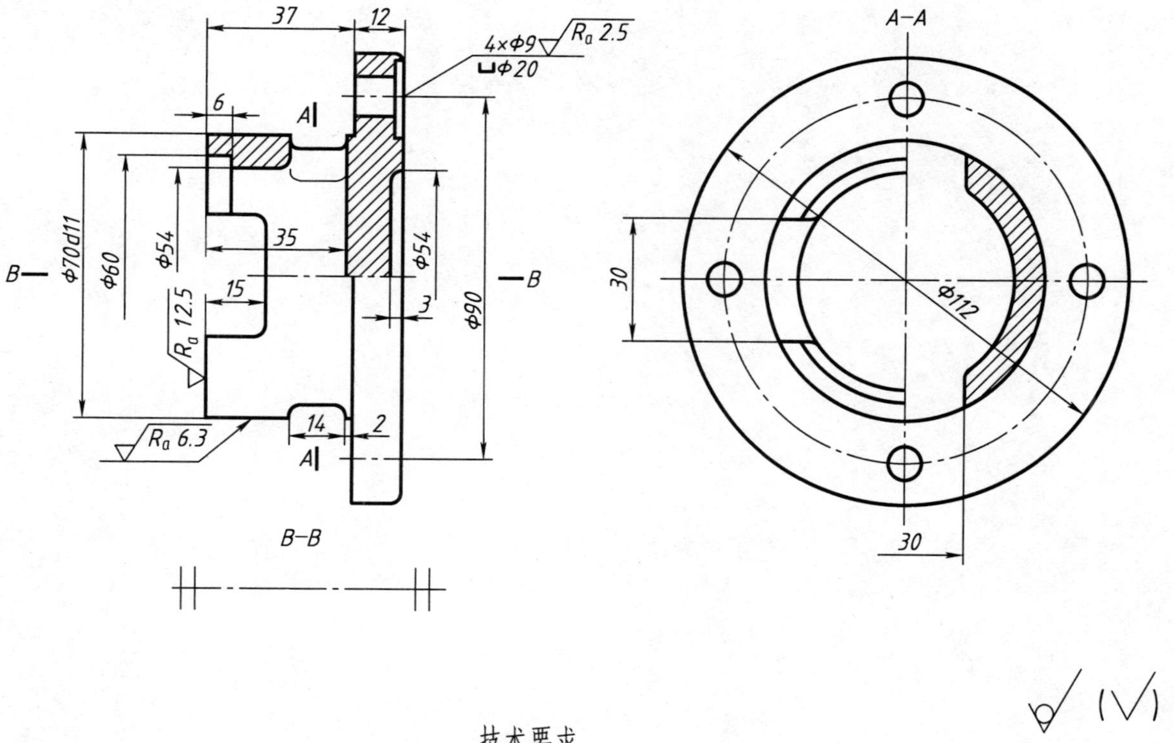

技术要求

1. 未注圆角为R3。
2. 铸件不得有气孔、裂纹等缺陷。

轴承盖			比例		（图号）	
			件数			
制图			重量		材料	HT200
校对			（单位）			
审核						

(5)读控制器座零件图，补画 $D-D$ 剖视图，并在图上指明长、宽、高三个方向的尺寸基准。

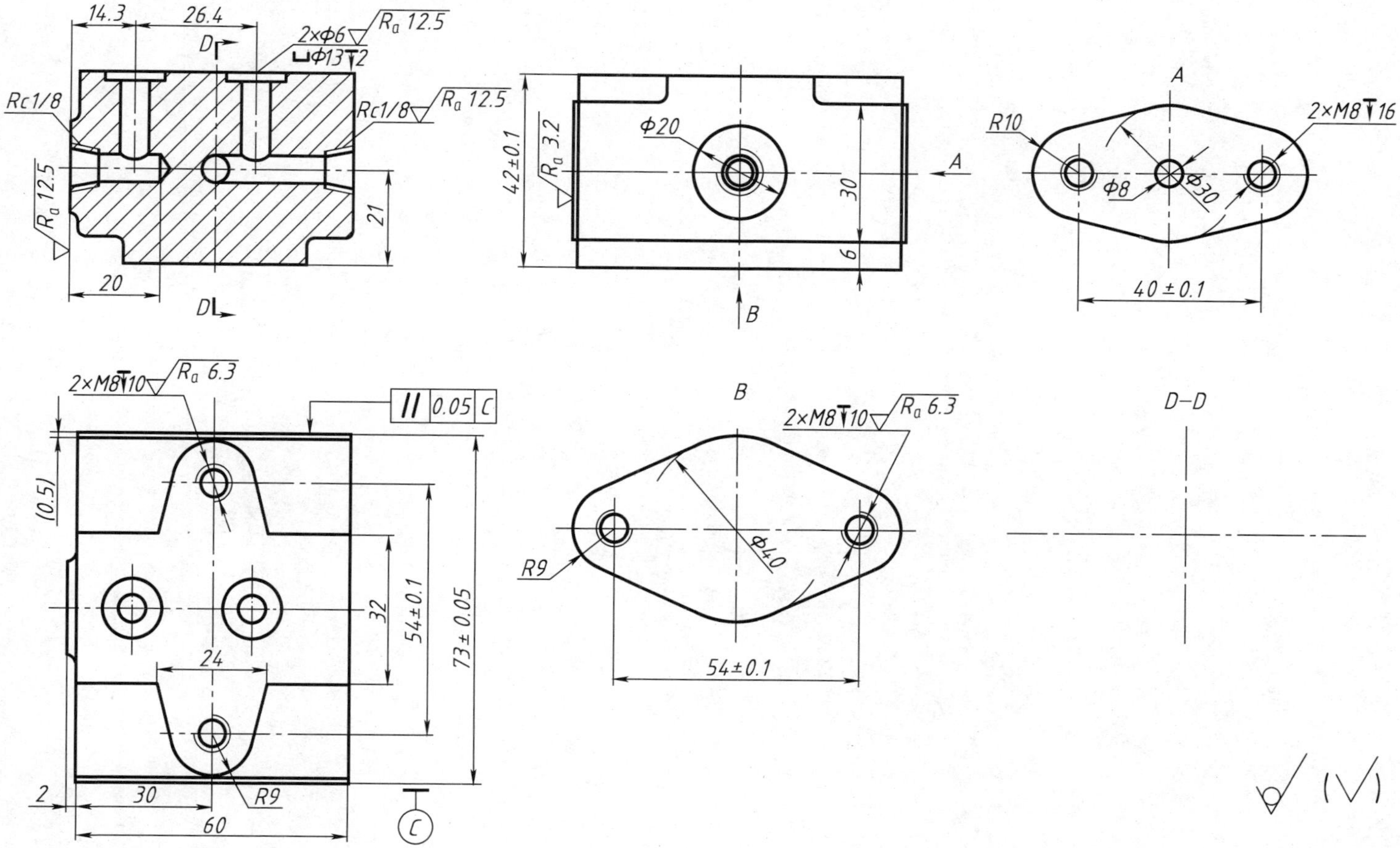

控制器座			比例		
			件数		
制图			重量		材料 HT200
校对					
审核					

任务十　识读装配图

10.1　由机用虎钳零件图拼画其装配图

机用虎钳是用来夹持工件进行加工用的机械。它主要由固定钳身、活动钳身、钳口板、丝杠及螺母等组成。丝杠固定在固定钳身上，转动丝杠可带动螺母作直线移动，螺母与活动钳身用螺钉连成整体。因此，当丝杠转动时，活动钳身就会沿固定钳身移动。这样，钳口就可以闭合或开放，以夹紧或松开工件。

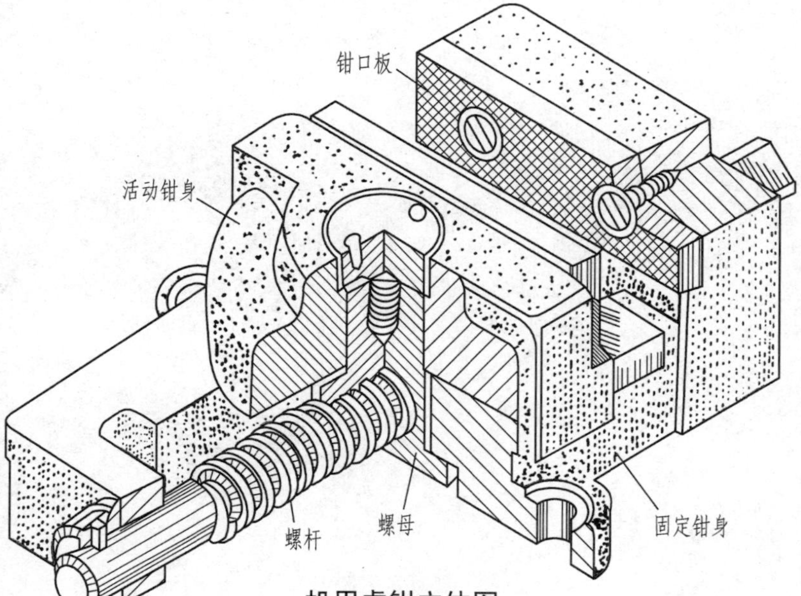

机用虎钳立体图

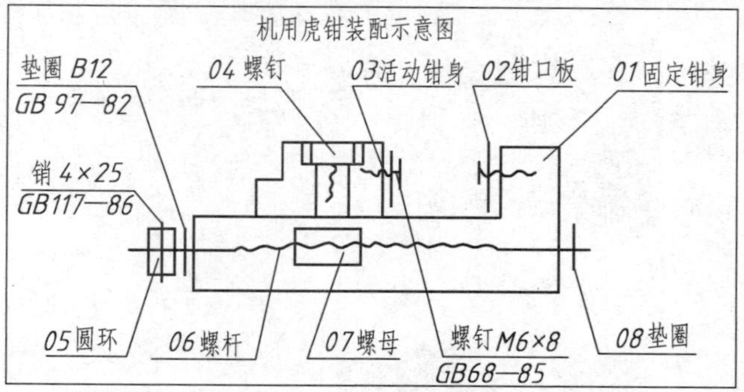

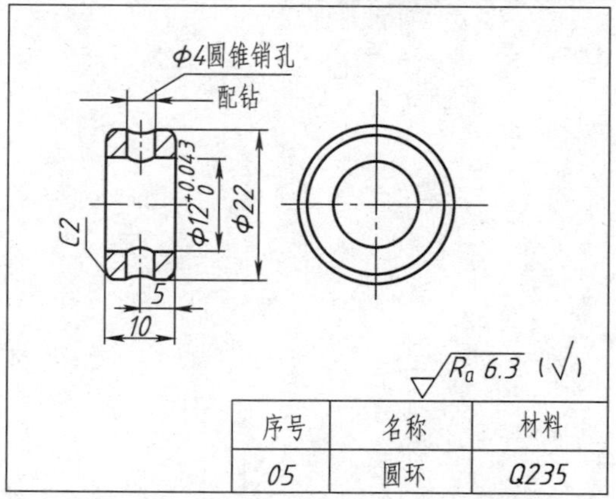

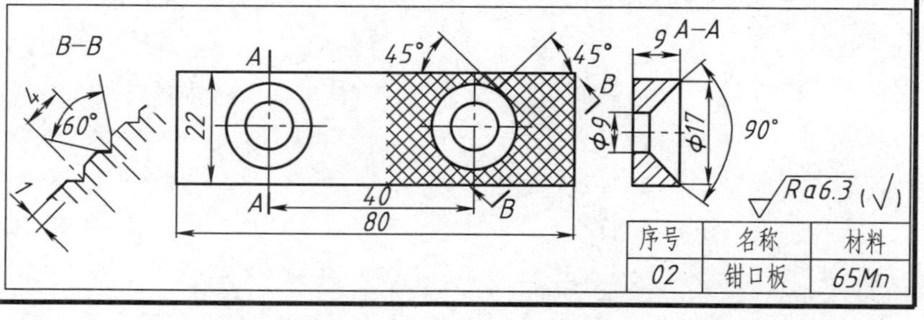

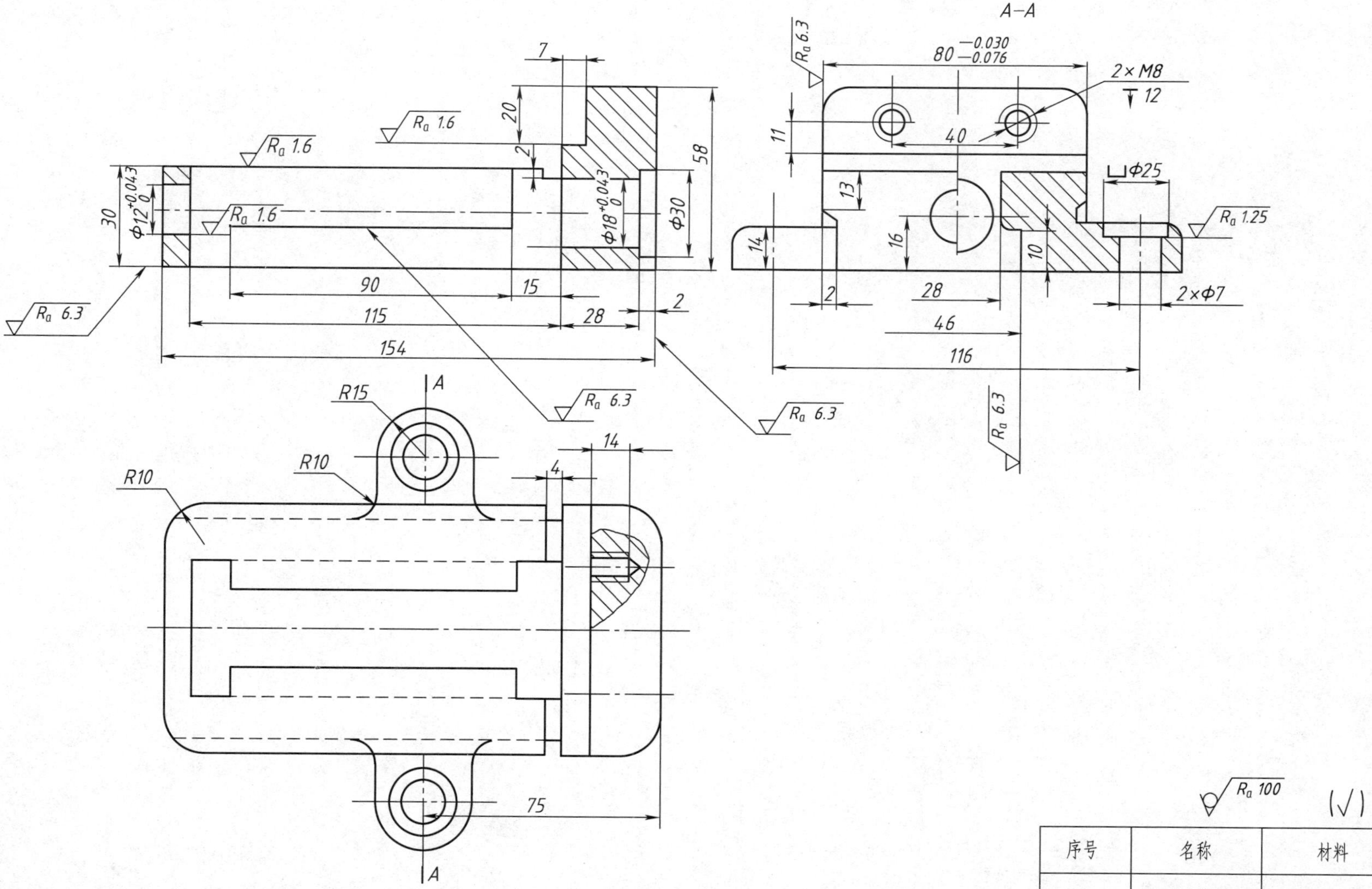

序号	名称	材料
01	固定钳身	HT200

10.2 拼画千斤顶装配图

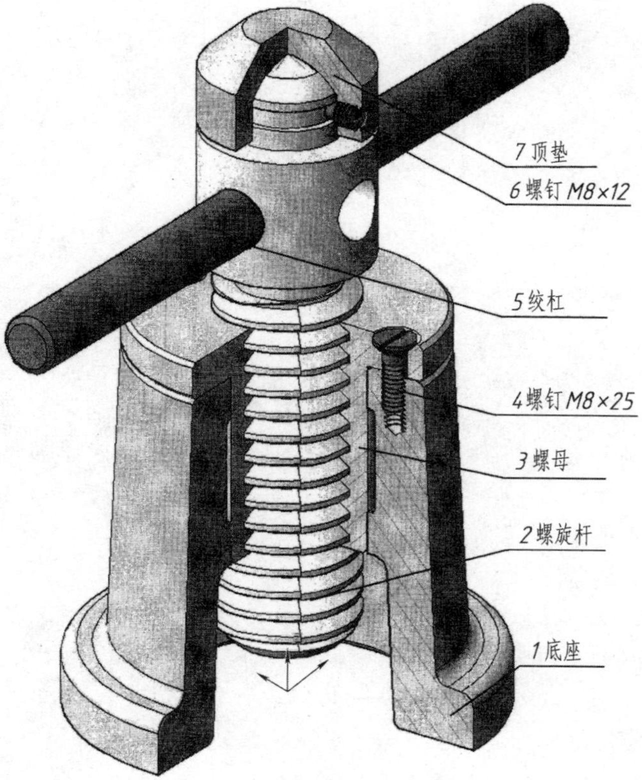

千斤顶实体图

标准件明细栏

序号	名称	标准号	规格	数量	材料
6	螺钉	GB/T 75—1985	M8×12	1	Q235A
4	螺钉	GB/T 68—2000	M8×25	2	Q235A

作业目的、内容与要求

掌握绘制装配图的方法与步骤。根据所绘制装配体的结构特点，选择视图表达方案，标注必要的尺寸，编写零件序号，填写标题栏、明细栏。

作业提示

仔细阅读千斤顶的每一张零件图，想出零件形状，并根据千斤顶的立体图和工作原理，找出零件之间的相互关系，画出装配图。关于两种螺钉的形状和大小，可查阅教材中的有关部分，根据表中查出的数值或按比例算出数值再画出。

图名：千斤顶　　图幅：A3 图纸横放　　比例：1∶1

千斤顶的工作原理

千斤顶利用螺旋传动来顶举重物。当转动绞杠时，螺旋杆便随之转动，同时螺旋杆通过与螺母中的螺纹上升而顶起重物，螺母装在底座内上方，并用两个沉头螺钉 M8×25 来固定。在螺旋杆的球形顶部套有一个保护物顶垫，且在螺旋杆的顶部加工一个环形槽，用一个紧定螺钉 M18×12 将螺旋杆与顶垫联接，使顶垫不与螺旋杆一起转动且可防止顶垫脱落。

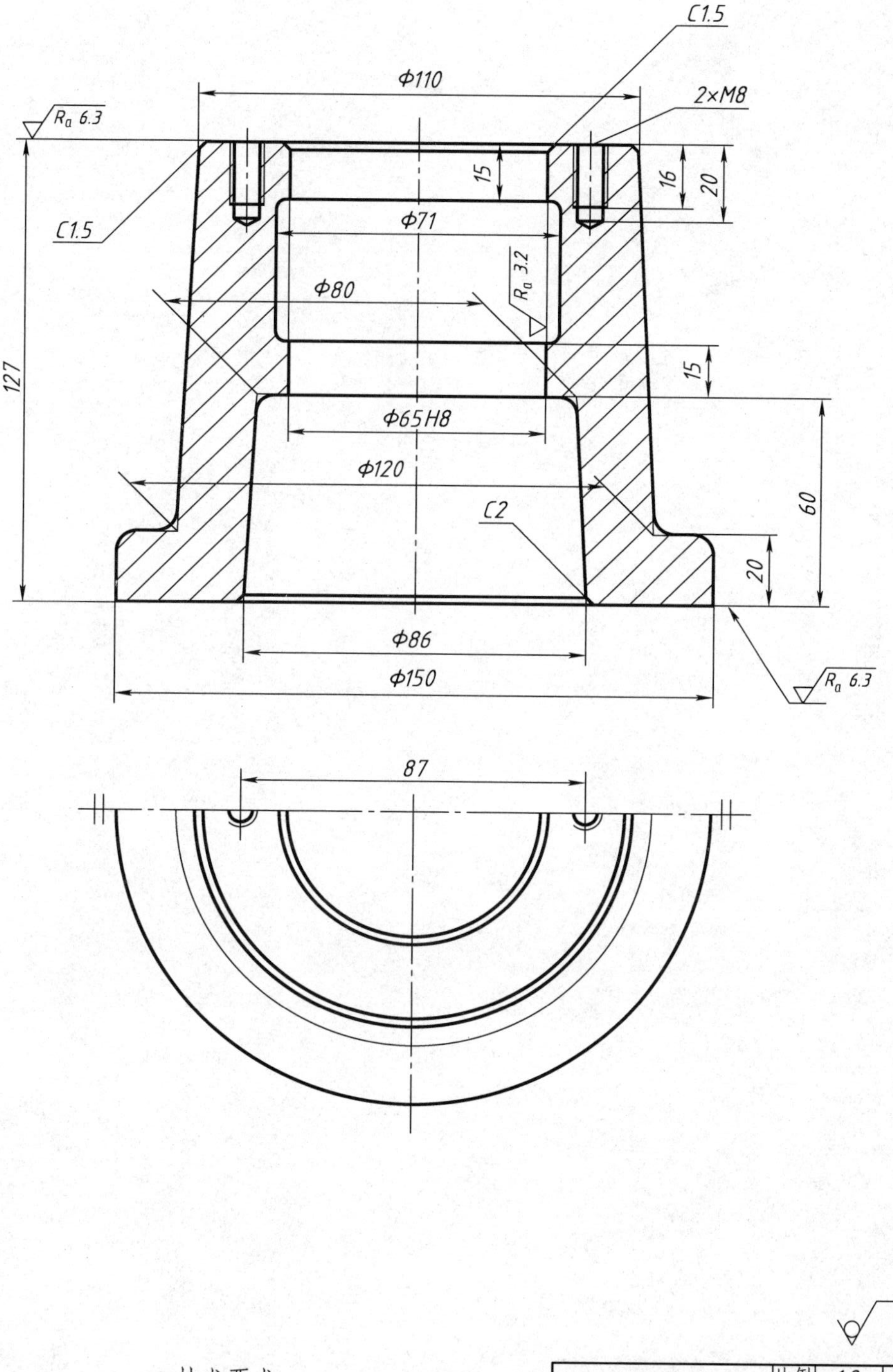

技术要求

1. 不得有气孔、砂眼、缩孔等。
2. 未注圆角 $R3$。

底座			比例	1:2	01	
			件数	1		
制图	（姓名）	（日期）	重量		材料	HT200
校对						
审核						

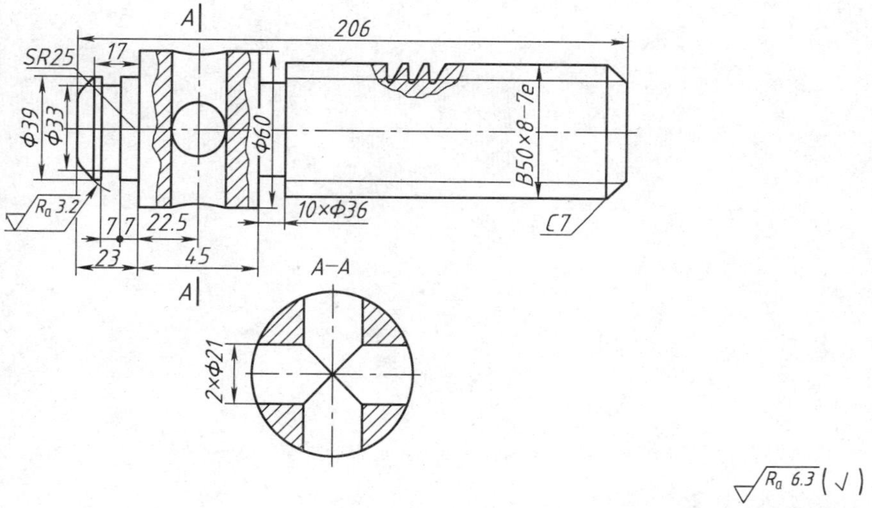

图名	螺旋杆	比例	1:2
材料	45	图号	02

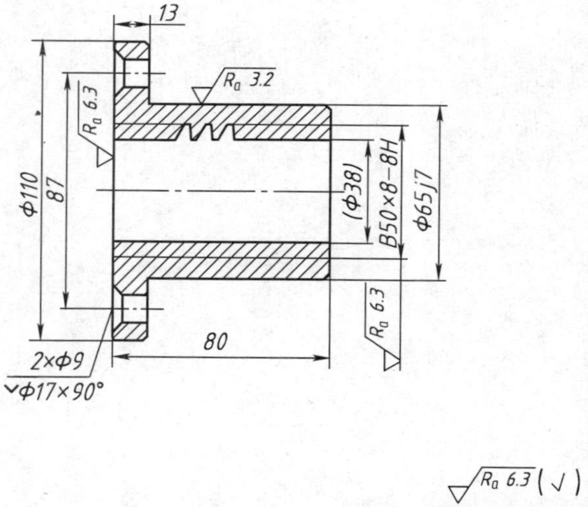

图名	螺母	比例	1:2
材料	ZCuAl10Fe3	图号	03

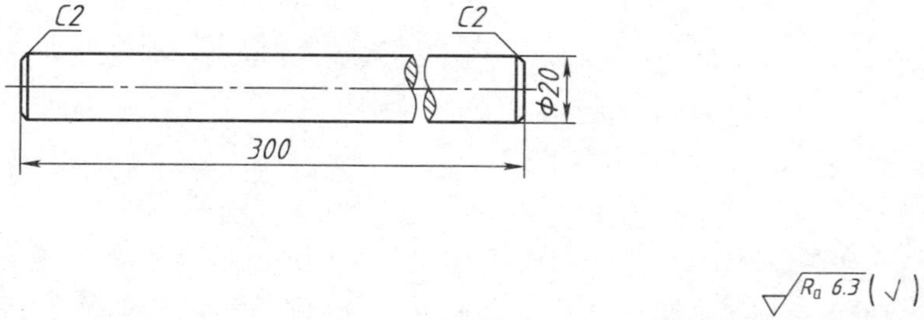

图名	绞杠	比例	1:2
材料	Q235	图号	05

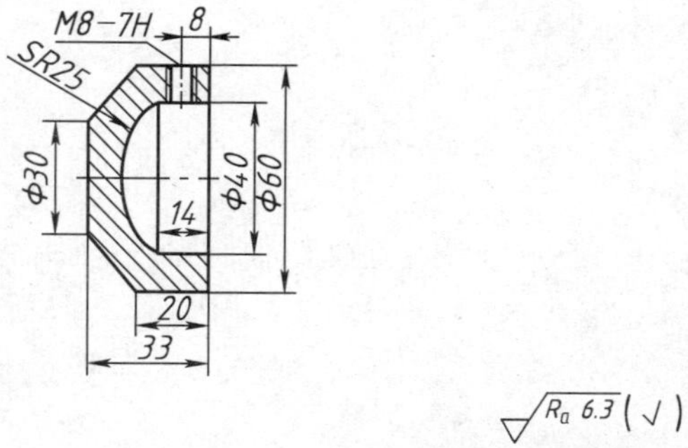

图名	顶垫	比例	1:2
材料	Q235	图号	07

10.3　拼画齿轮油泵装配图

作业要求

仔细阅读齿轮油泵的每一张零件图，想出零件形状，认真分析研究装配体的结构和工作原理，画出齿轮油泵装配图。

齿轮油泵工作原理

泵体与泵盖用 6 只螺钉联接组成一个密封的空腔，并用两个圆柱销定位；空腔内装了一对啮合的齿轮，上方的齿轮是主动齿轮，下方的齿轮是从动齿轮；另外还有一些用于防漏密封结构。当机器工作时，其外部动力带动主动齿轮做逆时针方向旋转，并带动从动齿轮做顺时针方向旋转。这时啮合区右边的轮齿逐渐地由齿间脱开，因此右空腔的体积逐渐增大，油压降低，因而油池的润滑油被吸入空腔，齿间的油随着齿轮的连续转动被带到左边，而左边的轮齿是逐渐地进入齿间，使空腔体积减小，齿间的机油被挤成高压油，由出口经管路输送到润滑点。主动齿轮右边伸出端设置的填料 8、填料压盖 9 为密封装置，为防止高压润滑油从别处渗漏，在泵体和泵盖之间加了软钢纸板 6 进行密封，同时垫片 6 的厚度大小，还可以调节齿轮两侧面间隙的大小。

作图提示

图名：齿轮油泵　　图幅：A3 图纸横放　　比例 1∶1

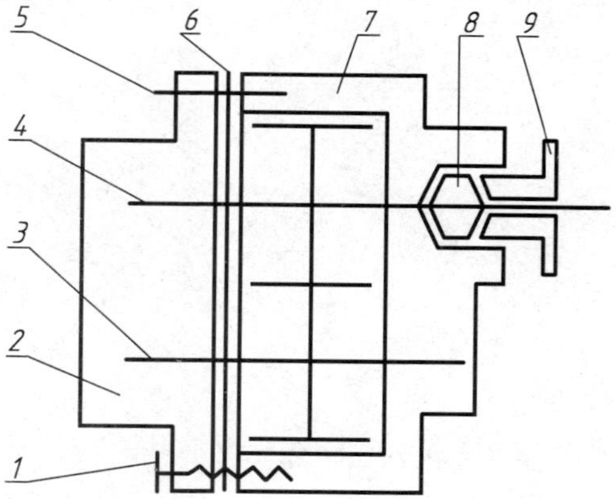

装配示意图

9	填料压盖	1	35	
8	填　料	1	半粗毛毡	FJ 314—81
7	泵　体	1	HT200	
6	垫片(厚 0.05～0.15)	1	软钢纸板	QB 365—81
5	销 5m6×20	2	35	GB/T 119.1—2000
4	主动齿轮	1	45	m=3 z=10
3	从动齿轮	1	45	m=3 z=10
2	泵　盖	1	HT200	
1	螺钉 M6×16	6	35	GB/T 70.1—2000
序号	名　称	数量	材　料	备　注

齿轮油泵		比例	0.8:1	(图　号)
		件数		
制图	(姓　名)	(日　期)	重量	共 1 张　第 1 张
校对				
审核				

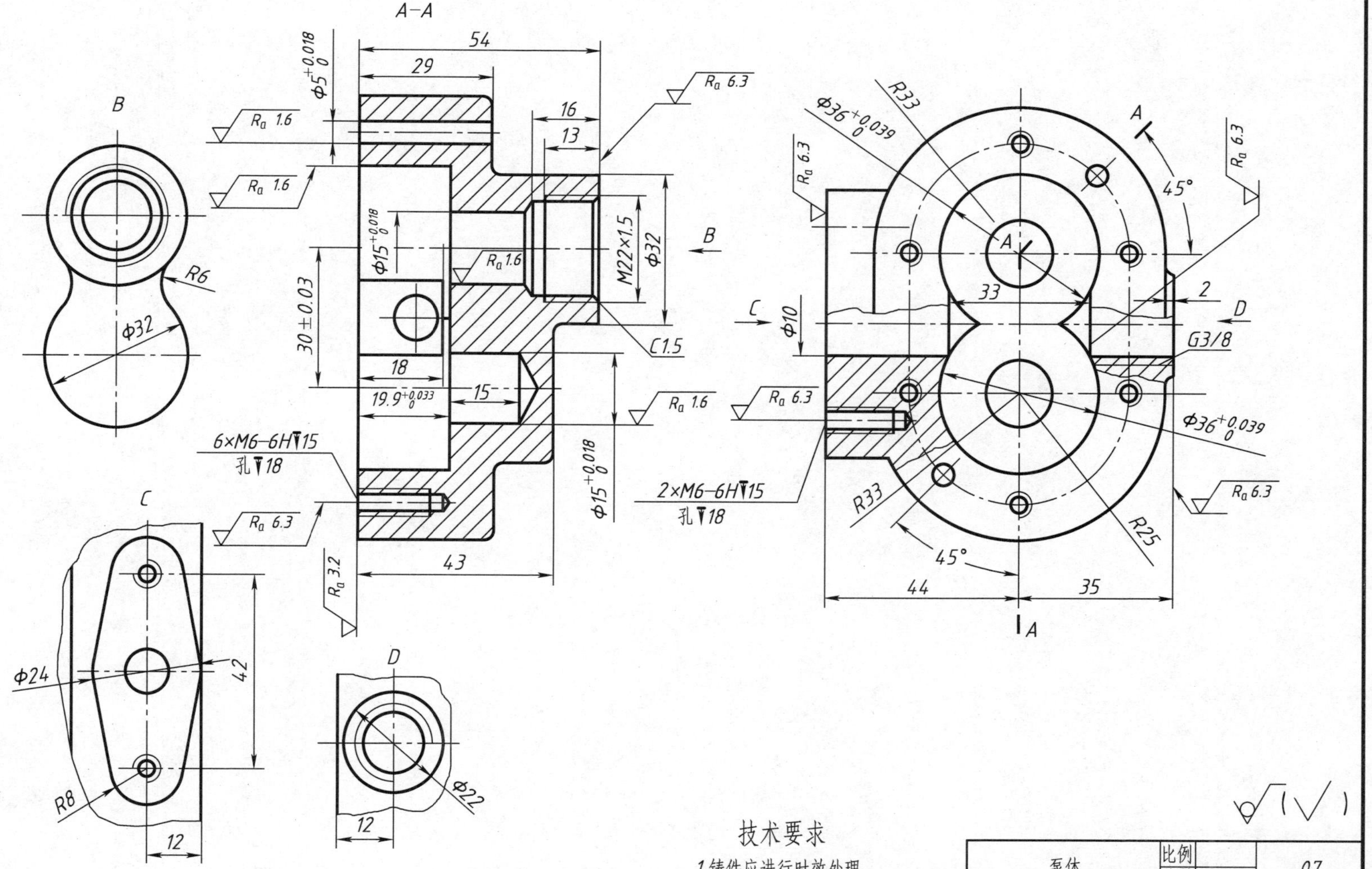

技术要求

1. 铸件应进行时效处理。
2. 铸件表面不得有铸造缺陷。
3. 未注圆角R2～R4。

泵体			比例		07	
			件数	1		
制图	（姓名）	（日期）	重量		材料	HT200
校对						
审核						

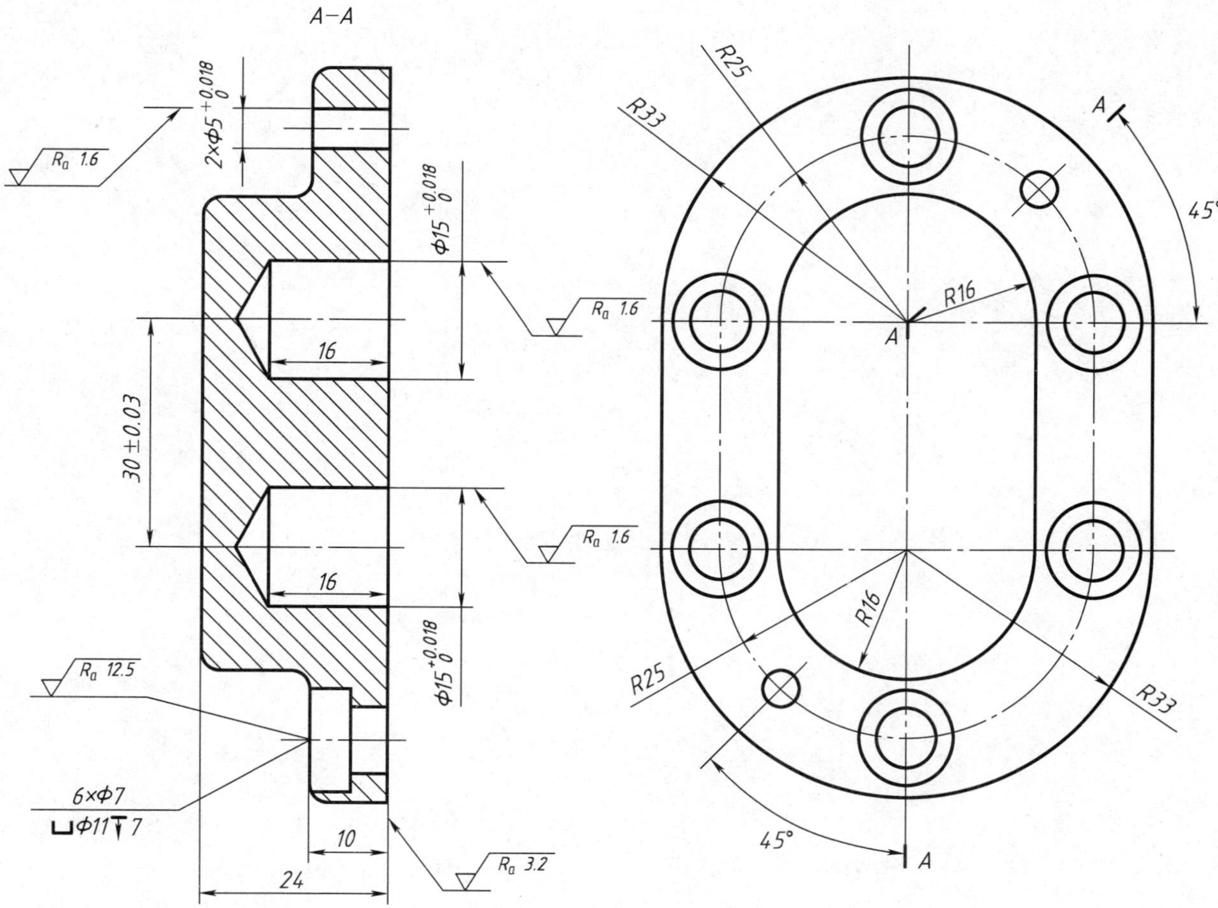

技术要求

1. 未注明铸造圆角R3。
2. 不加工面应涂防锈漆。

图名	泵盖	比例	1:1
材料	HT200	图号	02

齿数 z	10
模数 m	3
齿形角 α	20°

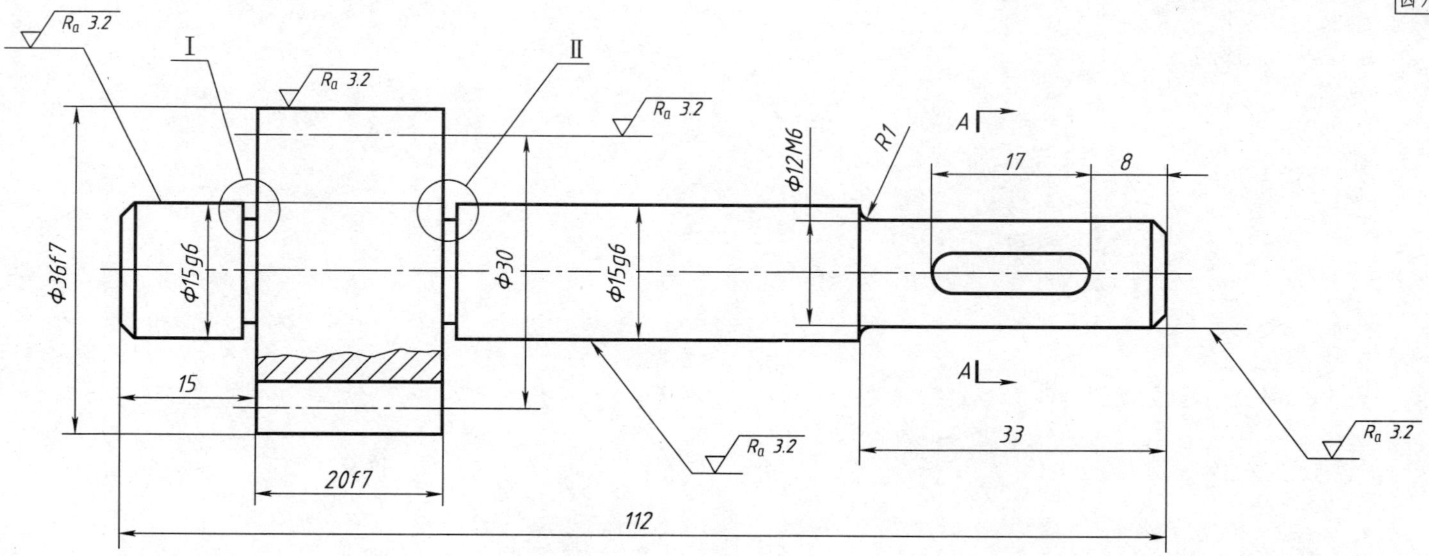

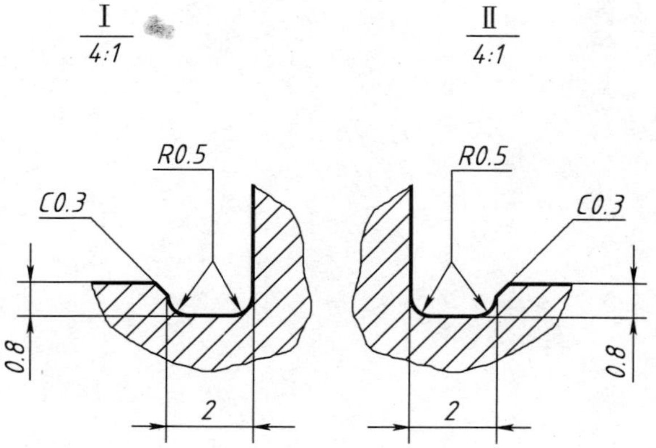

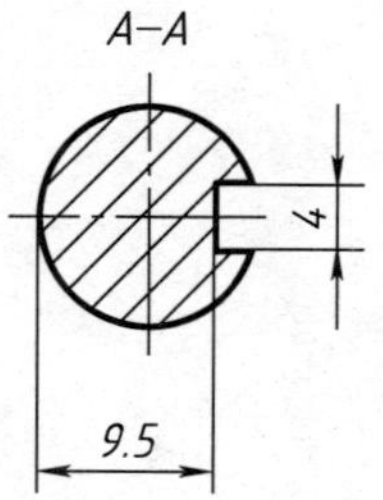

技术要求

1. 未注倒角均为C1。
2. 调质处理 HB=220～250。

Ra 12.5 (√)

图名	主动齿轮	比例	1:1
材料	45	图号	04

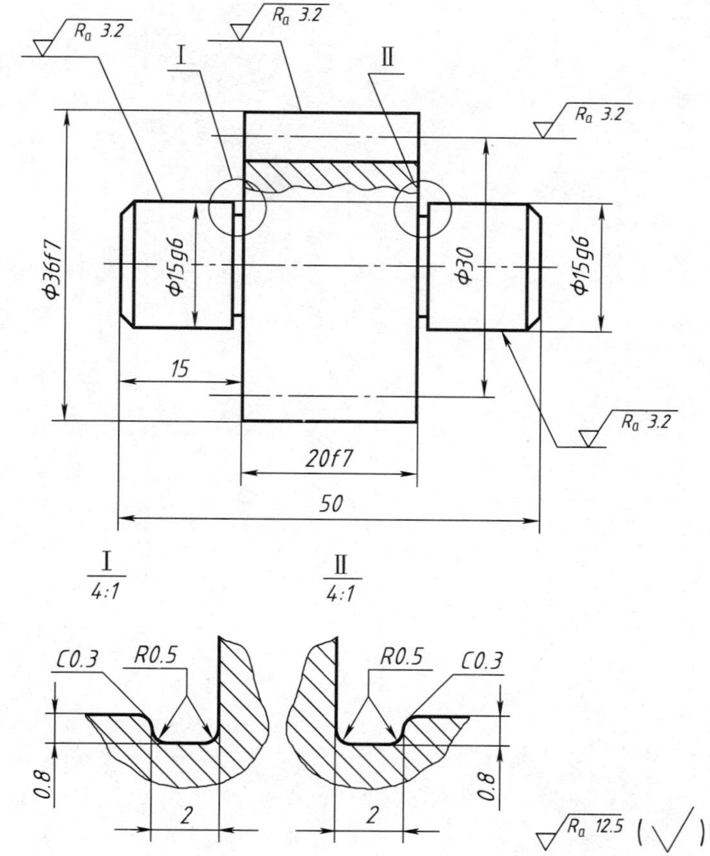

齿数	z=10
模数	m=3

技术要求

未注倒角均为C1。

图名	从动齿轮	比例	1:1
材料	45	图号	03

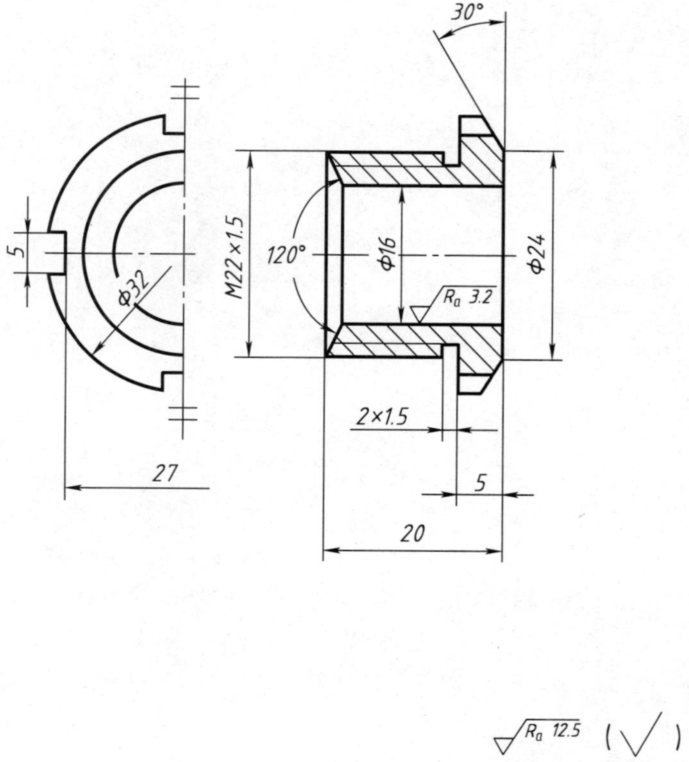

图名	填料压盖	比例	1:1
材料	35	图号	0.9

10.4 读装配图和拆画零件工作图（滑轮架）

有关滑轮架的工作原理和零件间装配关系、视图分析、尺寸分析和零件分析可参阅教材中的读装配图和拆画零图部分。

读图问题

（1）与销轴有配合关系的零件有__________个，其配合是____________和____________。采用基轴制的原因是________________。

（2）如果要把销轴从装配体中拆下来，首先要拆零件______________。

（3）螺栓 5 起______________作用。

作业要求

看懂滑轮架装配图并由装配图拆画支架 7 和销轴 6 的零件图。
图名：分别是“支架”和“销轴”　　图幅：两张 A4 图纸
比例：1∶1

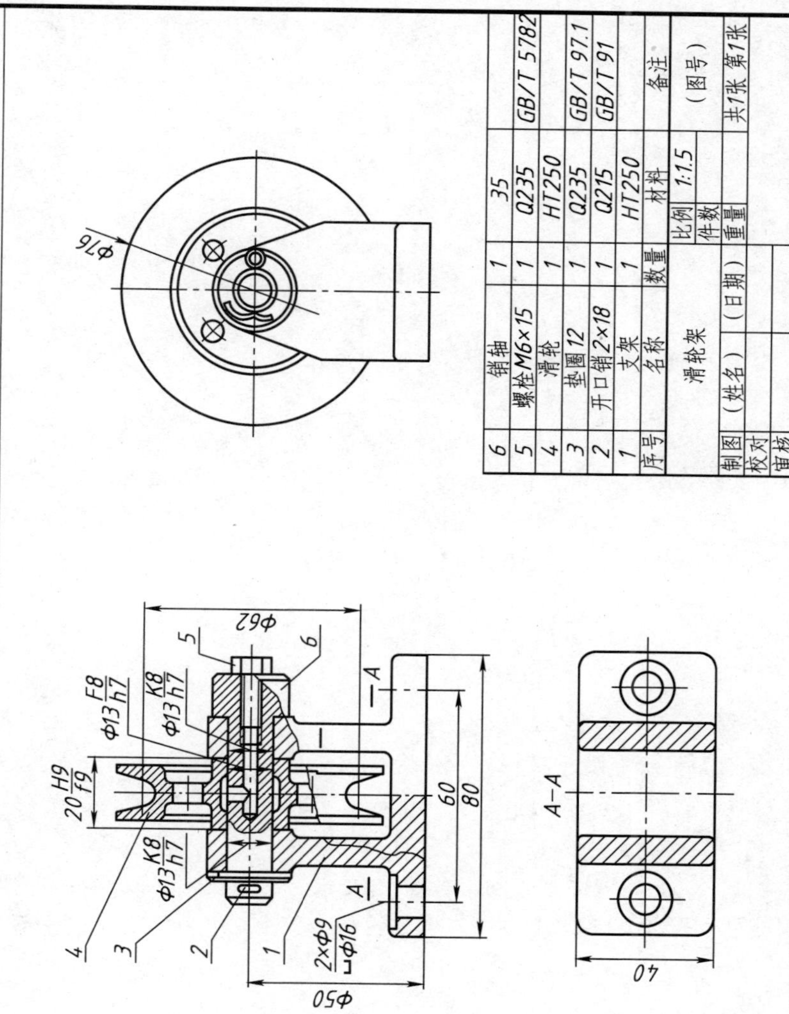

10.5 读装配图和拆画零件工作图（油缸和油泵）

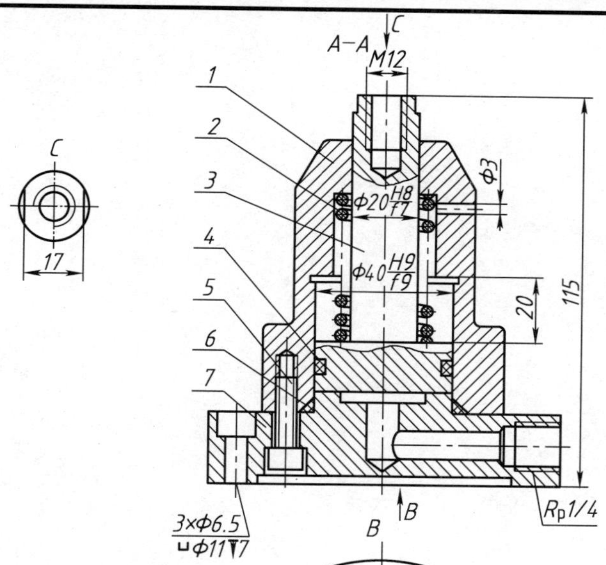

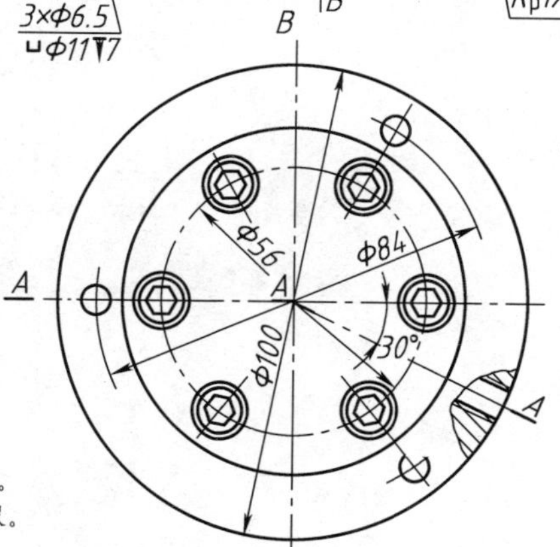

技术要求

1.活塞工作行程时无爬行现象。

2.油压在0.4MPa时无漏油现象。

7	端盖	1	35	
6	密封圈	1	耐油橡胶	d=40 d1=4
5	内六角螺钉M6×20	6	Q235	GB/T70.1
4	密封圈	1	耐油橡胶	d=35 d1=4
3	活塞	1	40Cr	
2	弹簧	1	65Mn	H=60 d=3 t=8.5
1	缸体	1	HT200	
序号	名称	数量	材料	备注

油缸		比例	1:1.5	（图号）
		件数		
制图	（姓名）	（日期）	重量	共1张 第1张
校对				
审核				

工作原理

油缸以压力油为动力源，推动活塞 3 并带动其他工作机械往复运动，压力油经过端盖 7 的 $R_p1/4$ 螺孔进入缸体，推动活塞向上运动 20 mm。当关闭油路后活塞在弹簧 2 的作用下自动复位。活塞上端的 M12 螺孔是供连接其他工作机械之用。

作业要求

看懂油缸装配图，回答下列问题。

(1) 油缸装配图的主视图主要采用________剖视，B 向视图主要是表达________；

(2) 零件 1 缸体上有螺孔________个，其大径是________；

(3) 图中有配合代号 ϕ20H8/f7，这是________配合，基________制，孔的公差等级________，轴的公差等级________；

(4) 图中代号为 $R_p1/4$，表示________螺纹；

(5) 活塞 3 的上端有 M12 螺孔，其作用是________；

(6) 零件 7 端盖上共有________个用于装联接螺钉的孔；

(7) 该装配体中密封件有________件；

(8) 缸体 1 上有小孔ϕ3，其作用是________________；

(9) 如果要从装配体中拆下活塞 3，必须首先拆下零件________，其次拆下零件________；

(10) 拆画缸体 1 和活塞 3 的零件图。

10.6　读装配图和拆画零件工作图（油缸和油泵）

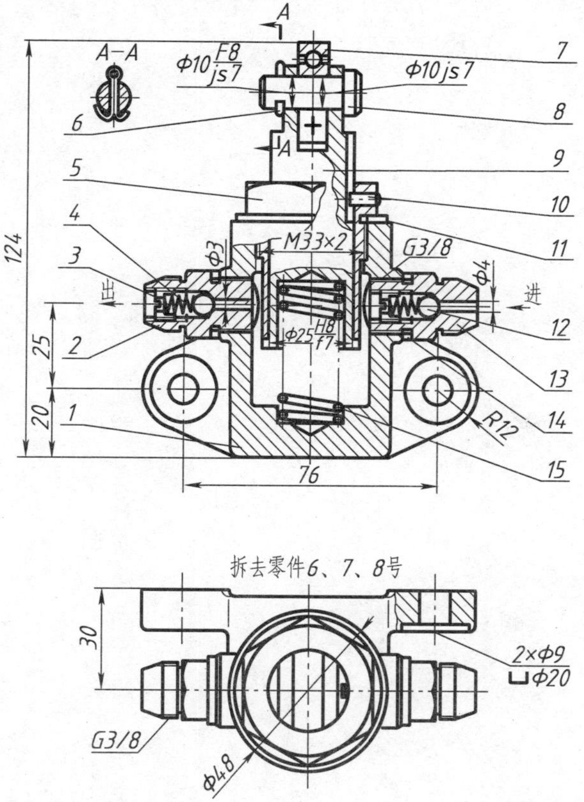

					5	导向轴套	1	35	
15	大弹簧	1	65Mn	Φ2弹簧钢丝	4	小弹簧	2	65Mn	Φ0.6弹簧钢丝
14	小垫圈	2	耐油橡胶		3	弹簧定位圈	2	35	
13	右阀体	1	35		2	左阀体	1	35	
12	钢球	2	GCr15	1/4″	1	泵体	1	HT200	
11	大垫圈	1	耐油橡胶		序号	名称	数量	材料	备注
10	销4m6×10	1	35	GB/T 119.1	柱塞式油泵		比例	1:1.5	(图号)
9	滑柱	1	45				件数		
8	销轴	1	45		制图	(姓名)	(日期)	重量	共1张　第1张
7	流动轴承6200	1		GB/T 276	校对				
6	销2×18	1	Q215	GB/T 91	审核				

工作原理

该部件为机床润滑用柱塞式油泵，行程为 8～12 mm，在外力作用下（凸轮未画出）滑柱 9 克服弹簧力作上下往复运动，油泵即工作，图示为最高位置。当滑柱下移时，油腔体积变小，油液通过左阀体小孔$\phi3$ 顶开钢球 12 流入机床润滑系统。与此同时，由于右阀体内的钢球受力向外，堵住进油孔。当外力消除时，在弹簧作用下，滑柱上移，腔体容积增大，压力变小，油液在大气压作用下顶开右阀门钢球进入泵体，同时左阀门关闭。如此循环往复，油液连续进入润滑系统，起到供油作用。

作业要求

看懂柱塞式油泵装配图，阅读工作原理说明，回答下列问题。

（1）滑柱 9 的材料是________，45 的含义是________。

（2）泵体 1 的材料是________，200 的含义________。

（3）M33 × 2 是________螺纹，其中 33 是________，2 是________。

（4）G3/8 是________螺纹，其中 3/8 是________代号。

（5）零件 10 销的作用是____________。

（6）装配体的外形尺寸：长_______，宽_______，高_______。

（7）图中定位尺寸有________个，分别为________。

（8）如果要画滑柱 9 的零件图，其轴线是（水平，垂直）________放置，且小端最好朝________（上，下，左，右），视图选择除主视图外，还应有________图。

（9）想出泵体 1 的结构形状（特别是背面和侧面外形），画出泵体 1 的零件图（或画出滑柱 9 的零件图）。

任务十一　计算机绘图基础

（1）什么是计算机绘图？什么是计算机辅助设计？二者有何区别？

（2）常用的计算机绘图软件有哪几种？

（3）用直线命令绘制下面左侧图形。确定作图顺序，写出各点的相对坐标值，并画出该图。

（4）用二维基本绘图命令绘制下面右侧图形（尺寸可自定）。

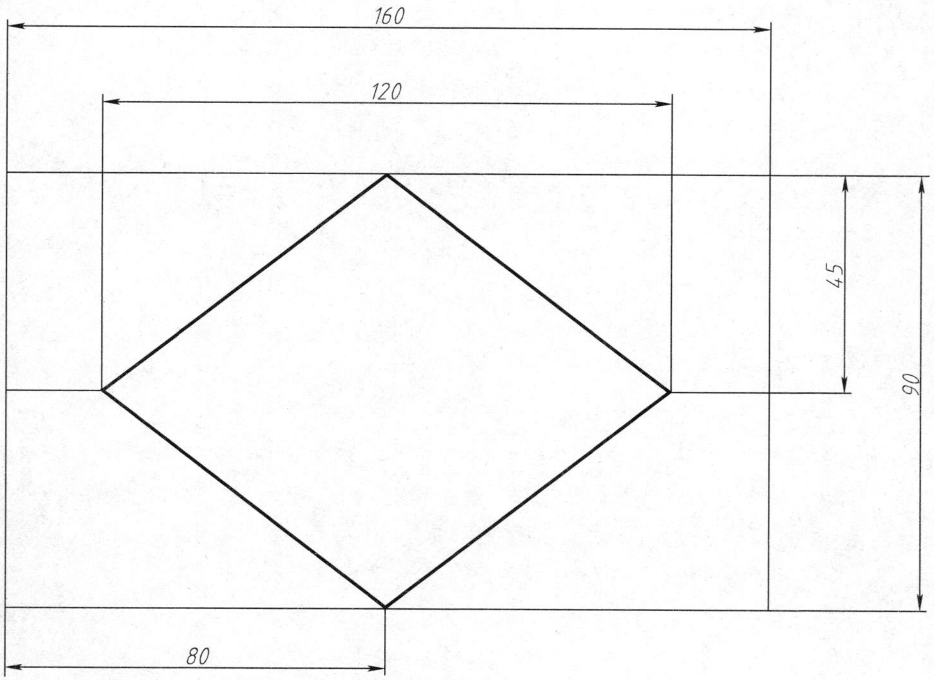

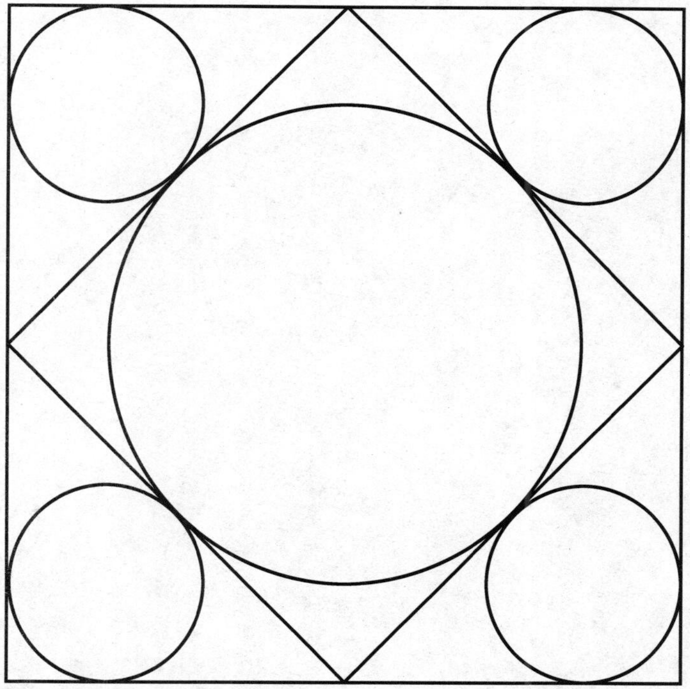

(5) 绘制下图，注意选择合适的作图方案。

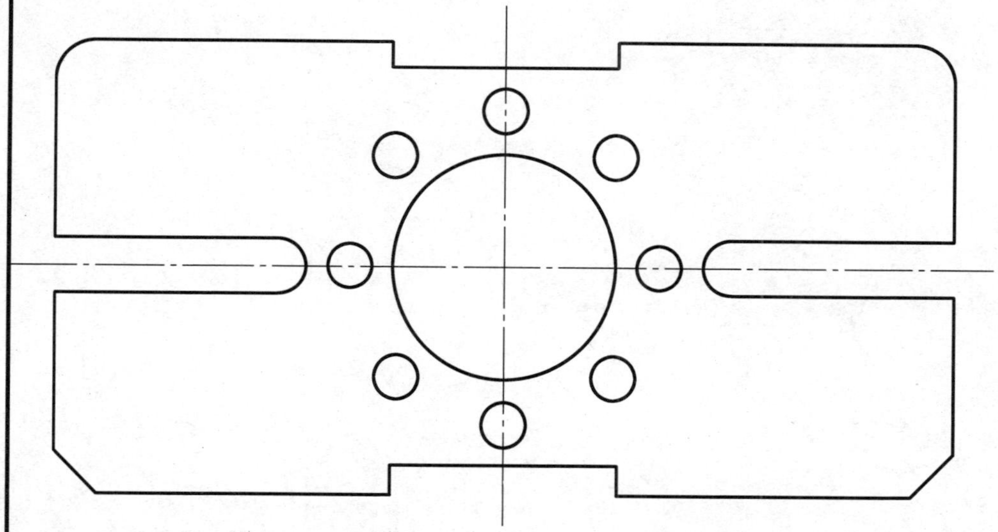

(6) 若欲在图中定义一图块，必须（　　）。

A. 指定插入基点　　B. 选择组成块的图形对象

C. 给出块名　　D. 以上各条

(7) 若欲在图中插入一图块，必须（　　）。

A. 指定插入点

B. 给出插入图块的块名

C. 确定 X、Y、Z 方向的插入比例和图块的旋转角度

D. 以上各条

(8) 绘制下图，将其定义为名为"USER"的块，并存盘。